北海道の銭湯

奥野 靖子

3　神仏湯温泉（本文56頁）

天然の湯 自由ヶ丘温泉（本文118頁）

5　フタバ湯（本文106頁）

根室本線(花咲線、本文136頁)

こがね湯(本文102頁)

奥沢温泉 中央湯（本文60頁）

末広湯（本文44頁）

はじめに

北海道で生まれた私は東京の大学を出て、そのまま東京で就職しました。

大都会の多忙な職場でヨレヨレになった、社会人になりたての頃。得意先に向かう地下鉄のラックで、銭湯の冊子「1010」※を見つけました。

導かれるようにして銭湯へ。高い天井、香るシャボン、鮮やかなペンキ絵やタイル絵、その空間で織りなす常連さんと店主さんの会話。

私の心と体は、すっかり銭湯に救われました。自然と肩の力が抜け、街に自分の居場所を見つけたような心強さがありました。

以来、私は銭湯の魅力にとりつかれ、あちこちの銭湯へ足運ぶようになったのです。

そんな頃、帰省した北海道でも銭湯を発見。早速入ってみたら、熱っ！えっ、脱衣場でじゃがいも売ってる！

私は道産子ですが、北海道の銭湯を追いかけるうち、その広大さ、地域ごとの強い個性にあらためて気付かされました。

またその下地に、短く儚い夏、厳しく長い冬……といった北海道の四季があるということも。

こうして東京を経由し、生まれ育った北海道の銭湯にやっと辿り着けた私。

さぁ、そのめくるめく世界にようこそ！

※東京都公衆浴場組合が出している「1010」(いちまるいちまる＝せんとう、の意味)」という冊子

掲載銭湯分布図

00 は掲載ページ

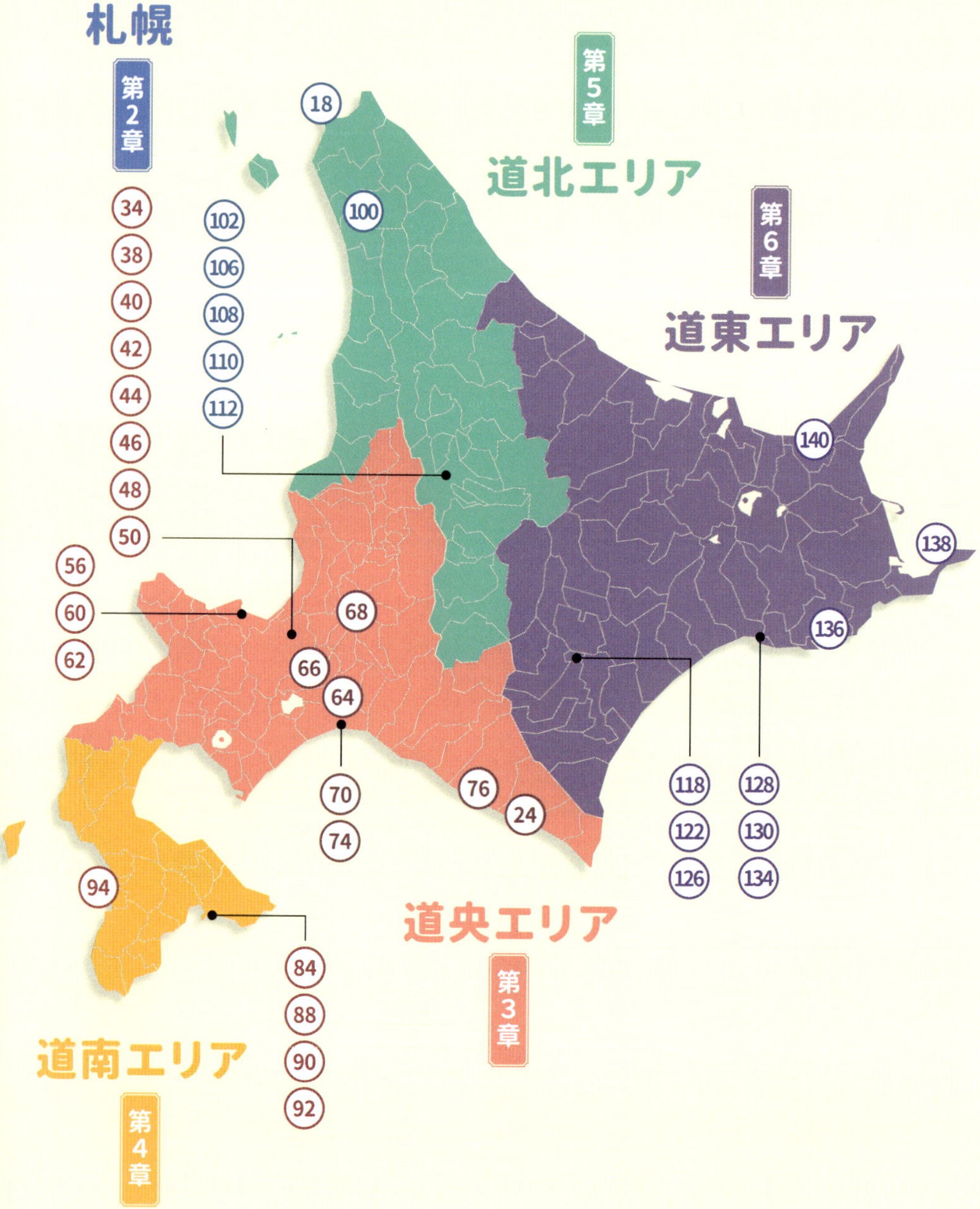

目次

目次

北海道銭湯の楽しみかた

タオルと石鹸を持って出かけよう

北海道の公衆浴場（註）数は1200ほどで、全国都道府県では東京都に次ぐ数だ（2022年厚生労働省統計）。北海道は公衆浴場に恵まれた地とも言える。うち北海道浴場組合加盟の銭湯は100軒ほど。

北海道浴場組合の公式ホームページを見ると、それぞれの施設の多様さに驚くかもしれない。スーパー銭湯並みに大規模な店もあれば、ご年配のおじいちゃん1人で営むこぢんまりとした店もある。いずれも観光客のために作られた施設ではないが、誰でも入浴でき、入浴するとたちまち地元民になった気分を味わえる。タオルや石鹸・シャンプー類を備え付けていない施設が一般的なので、それらを持って出かけよう。

註

「公衆浴場」は「公衆浴場法」という法律によって「一般」と「その他」に分けられる。「一般」は地域住民の生活衛生をおもな目的とする施設で、「物価統制令」によって入浴料金の上限が定められており、いわゆる「銭湯」はこれに該当する。「その他」はレジャーや療養などを目的とする入浴施設で、いわゆる「スーパー銭湯」はこれに該当する。本書で紹介する「銭湯」はすべて前者の「一般公衆浴場」に含まれる。

風除室のガラス戸からひょっこり顔を出す暖簾（神仏湯温泉、56頁）

見た目は「箱型」、営業中？

北海道の銭湯は営業中であることがちょっとわかりにくい。というのも、営業中の銭湯は暖簾を玄関の軒先にかけるのが一般的だが、雪が降る北海道では、暖簾を

釧路は廃業が続きこの看板を出す銭湯も減ったが、残してほしい（釧路、栄湯）

風除室の内側に吊るしたり、外に何も飾らない浴場も多いからだ。入口を前に「まさか定休日じゃないよね？」とドキドキすることもある。釧路では、開店の合図として「湯が沸きました」という看板が見られる。語りかけてくる感じが愛らしい。

建物では四角い箱のような形が北海道では多い。「箱型」とも呼ばれる。まち文化研究所主宰・塚田敏信さんによると、箱型は1965年頃から増えた（『いらっしゃい北の銭湯』北海道新聞社）。

昭和初期に建てられた北海道の銭湯は、モダンで個性的なものが多い（引用同）。しかし現在それらのほとんどが姿を消してしまった。それぞれの事情があるものの、雪国で歴史的建造物を維持することの難しさも感じる。

箱型、さまざまな個性が宿る（砂川、滝の湯）

1932年に建てられた銭湯。現在営業していない（帯広、旧櫻湯）

賑やかなロビー、プラ籠の脱衣場

銭湯の受付部分は、スタッフが脱衣場を向いて座る「番台式」がかつては一般的だったが、最近は「フロント式」に変化しつつある。その傾向は北海道でも同じだ。ロッカーや浴室まで目の届く番台式は安全だが、抵抗を感じる人は確かにいる。道内銭湯の約2.5割が番台式だ（2024年12月時点）。でも私は番台式が好きだ。番台から「どこから来たの？」といった声をかけてもらえることがよく

番台式では着替えながら店主さんとお客の地元トークが聞ける（末広湯、64頁）

フロント式では湯上がりにくつろぎながら談笑できる（美瑛、松の湯）

あり、あっという間に脱衣場の雰囲気に馴染めるから。

脱衣場でよく見かけるのは、プラスチック製の籠。本州の銭湯で見かける籐の籠は少ない。冬は衣類についた雪が溶けて籐は湿るので、プラスチックのほうが北国と相性がいいと思う。私はプラスチック籠を見ると、郷愁を感じるまでになった。また札幌や小樽周辺の脱衣場にはゴザが敷かれていることが多い。冬の床は冷たいが、お陰で足先がびっくりしない。

脱衣場やフロント前では、野菜をはじめとする食料や衣類などが売られていることもある。特に賑やかなのは帯広。秋の涼しい帯広に夏服で訪れてしまった時、各銭湯でレギンスや靴下を購入できて難を逃れた。アイスクリーム庫もよくあるので（96頁コラム）、湯上りはぜひ。

脱衣場のプラスチック籠（みなと湯、138頁）

賑やかな物販コーナー（函館、花園温泉）

熱い湯こそ北海道！

一般的に銭湯の浴槽はスーパー銭湯よりも深く、湯が熱いことが多いが、北海道の銭湯はより熱く感じる。厳しい冬の寒さが私にそう感じさせるかもしれない。

銭湯の洗い場では水とお湯の蛇口が2口並ぶのが一般的だが、北海道では、1口の「お湯しか出ないカラン」をたまに見かける。はじめはアチッ！と驚くこともあるけど、使っているうちに肌に馴染んでくるのが不思議。きっとその銭湯がちょうどいいと思って提供している温度なのだろう。

浴室に「水飲み場（水飲み蛇口）」もよく見かける。その設置を促す保健所指導もあったようだが、湯に浸かった傍から冷水をゴクゴクできるのはありがたい。

壁面は富士山の絵付けタイル

高い天井は日差しもより気持ちよく感じられる（川沿湯、50頁）

などもあるが、ご当地ならではのモチーフが描かれた銭湯に出会えることもある（130頁、134頁、など）。

火照った体に
嬉しい浴室の水飲み場
（釧路、星の湯、廃業）

小樽運河のタイル絵が美しい
小樽・朝日湯の浴室

貼り紙も楽しい！

脱衣場や浴室に貼られているさまざまな「注意書き」も楽しみどころの一つ。中でも、北海道を感じるのは「ロシア語」を含む注意書き。港町の小樽や函館では「Д」などの見慣れない文字が並ぶのを見かけることがあって新鮮だ。

北海道の銭湯の湯は概して熱いから温度に関する注意書きも多くなる。「水でうめる場合は、片方の浴槽だけうめてください」「うめ終わったら蛇口を止めてください」といったものが多く、絶対に水でうめてくれるなという銭湯は少ない。

私が不思議に感じた注意は「さりげなく手ぬぐいで前を隠しましょう」。7年ほど前の札幌浴場組合・銭湯マップに書かれていた。でも最近は見かけないので、解決したのかもしれない。

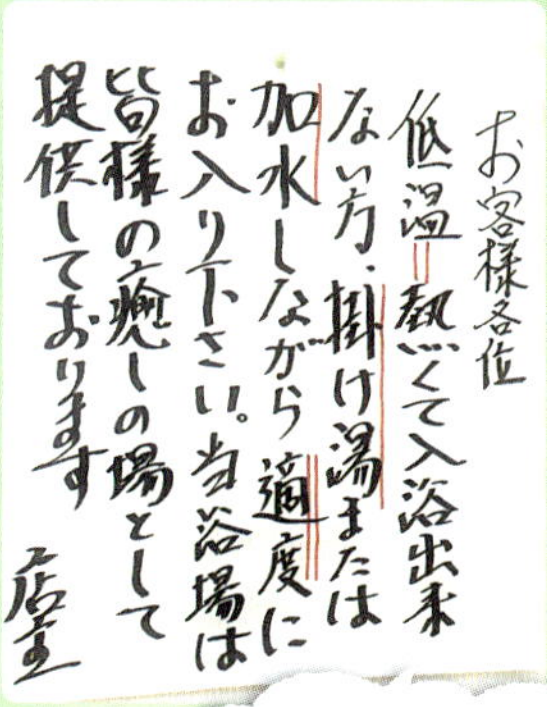
お客様各位
低温＝熱くて入浴出来ない方・掛け湯または加水しながら適度にお入り下さい。当浴場は皆様の癒しの場として提供しております
店主

温度調節の注意書き
（永寿湯温泉、90頁）

※一般的な入浴マナー

- ♨ 体を洗ってから浴槽へ
- ♨ タオルや髪を湯に浸けない
- ♨ 騒がない
- ♨ 毛染めは禁止
- ♨ 体を拭いてから脱衣場へ
- ♨ 店の人に無断で脱衣場や浴室の写真を撮らない

※脱衣場での携帯電話使用禁止

第１章

これぞ北の大地！
銭湯を超えた北海道銭湯

広い北海道にはさまざまな銭湯があるが、
中にはそのイメージを軽々と超えてしまうような、ぶっとんだ銭湯もある。
アットホームなかかわりと飲食・宿泊・アトラクションを兼ね備えた、
そんな“超越銭湯”で北海道のデカさを体験しよう！

ライダーたちが集まる最北の聖地 みどり湯

稚内市

風呂に入って、食事して、集まって、歌って、寝る……こんな「銭湯」はここだけ！

旅人たちのライハ

「あんた旅人？」

みどり湯に宿泊の予約で電話をしたら、女将さんに問われた。日常そう呼ばれることがないだけに一瞬戸惑ったが、「はい！旅人ですっ！」と声を張った。

「それなら、ゲストハウスではなく、ライハ（ライダーハウス）に泊まりなさい。ね？」

1 みどり湯代表・小川昌子さん

2 息子の小川幸裕さん。小川親子は地元の人も集える銭湯を目指し、クラウドファンディングに挑戦。食事や休憩のスペースを大胆リニューアルさせた

3 BAR PASTIMEのバーテンさん。みどり湯オリジナルカクテルを作ってくれる

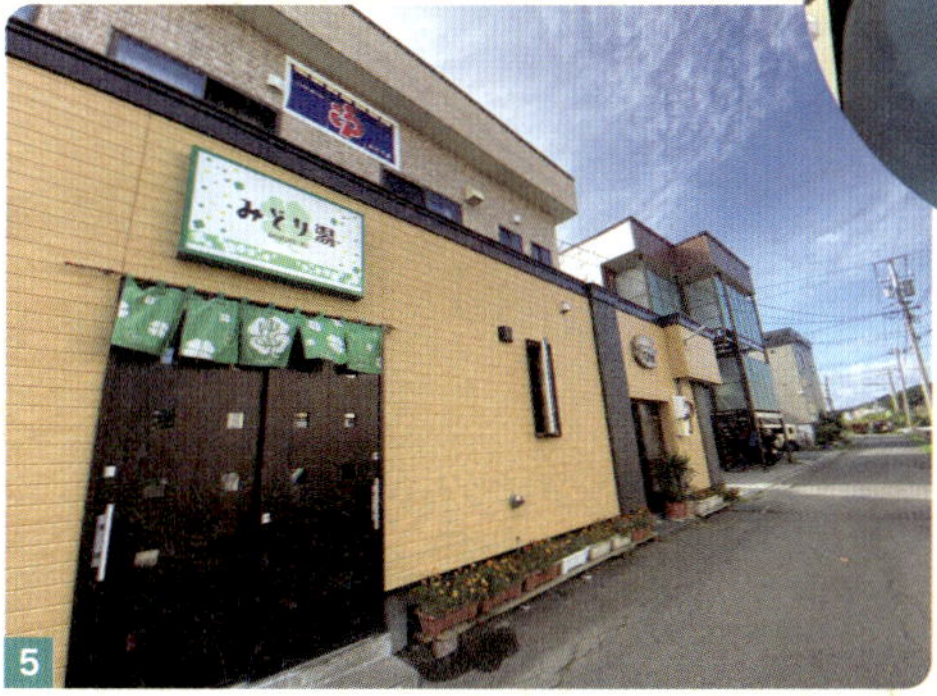

4 銭湯はアツアツの湯が評判。でも私的隠れ名物は、大きな水瓶と使い放題の塩。むくんだ脚を塩で揉み、冷水をバシャリ

5 銭湯、ライダーハウス、ゲストハウスと入口は3つ。ちょっと迷う

6 夜通しで夢を語っていた若者たち。「お前、かっこいいよ」「お前もだよ」と互いにエールを送りあう横顔、みんなかっこよかった！

最北端の銭湯・みどり湯。ずっと前から行きたくて父と行く約束したものの、亡くなったことで果たせなかった。ここは創業35年の老舗ライハと30年のゲストハウスが併設されている。幼い頃、父はよく家族を道内のドライブに連れ出してくれたが、その景色の中にはいつもライダーがいた。風でジャンパーを膨らませて颯爽と走る姿は、自由の象徴みたいで、憧れていたのだ。その時がきた。

稚内の初日。宗谷岬で夕日に見とれていたら、終バスがなくなっていた。土浦ナンバーのサウザさんという優しい方が車で送ってくれたけど、冷えきった体そのままで到着した私。女将さんはそっとねぎらう眼差しで、でも強めに「9時のミーティングに間に合うように、お風呂と食事をしておいで」と言う。

日本の最北端、宗谷岬の夕暮れ。右端の三角形が最北端の碑で、それを見つめる間宮林蔵の立像

銭湯の外来入浴者も使える休憩スペース。ゲームも漫画も勢揃い

ロングヘアが素敵なライダー・ナツさん。
旅から人生のことまでおしゃべり

宗谷岬からみどり湯まで送ってくれたサウザさん。キャンピングカーで全国を旅している

稚内駅前にある「ひとしの店」の「野菜ラーメン」は「行者ニンニク入りになりました。ご注意ください！」と貼り紙が。濃厚な香りが相まって美味しい！

ＪＲ南稚内駅の真正面にある喫茶店・ポパイ。ポパイスパゲッティは絶品

稚内港北防波堤ドーム前にある稚泊航路記念碑

相部屋のライダー、ナツさんが入浴に誘ってくれた。あぁ、体がジワッとほぐれていく。湯上がりに食堂へ行くと、この日は「レディースデイ」とのことで、お刺身やローストビーフなどのご馳走とアルコール類が格安で食べ飲み放題。オリジナルカクテル「みどり湯」「ボイラーマン」も美味しい。おもてなしが過ぎるでしょ！

なんか……泣きそう

そして約束の夜9時。女将さんがマイクを握り、広間の明かりをパチンと消すとミラーボールが回る。この宿の諸注意を独特の話術で述べて笑いをとったあとマイクが回る。全員、自己紹介をするのだ。長年の夢だった道内旅行中の定年後のおじちゃん。旅番組で偶然に訪れた俳優さん。学生最後の思い出作り中の若者。北海道に憧

1 みどり湯は銭湯も旅人仕様。ホテルも顔負けのアメニティ種類が揃っていて、スキンケア、ヘアケア、ボディケア製品がずらり。熱い湯と塩揉みの〆は整い椅子に座って疲れを一掃

2 女性用の寝室。交差するベッドで会話も弾む。男部屋は異なるレイアウト

3 朝はお別れの時間。次々とバイクが旅立っていく

れ移住してきた兄さん。そして、私。北端に来る理由は、それぞれだ。共通点はただ1つ、旅人であるということ。

自己紹介の締めは、恒例行事「大空と大地の中で」（松山千春）の大合唱。「皆、立って。そして肩を組みあって、これを歌いますよ」となめらかに誘導する女将さん、さながら小学校の先生のよう。恥じらいは秒で消え、素直な気持ちで、肩を組みあって合唱する。え、なんか……泣きそう。旅人でよかった。結局2泊して、また来ると心に誓った。

5 超贅沢バイキング。好みの刺身で海鮮丼三昧。私が訪れた日は運よくレディースデイで、バイキングが950円、飲み放題を足しても2,000円と破格。また毎週土日は「朝風呂&朝食バイキング」がある
6 女将さんはみんなのお母さん。また帰ってくるね！
7 日本の北端に思い出を刻む

みどり湯

稚内市緑1丁目10-23
0162-22-4275
15:00-1:00
月曜日 定休

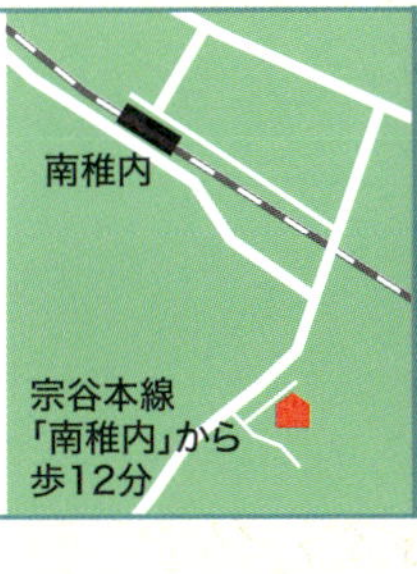

ライダーハウス
宿泊2000円

ゲストハウス
宿泊3000円
※食事・入浴料別

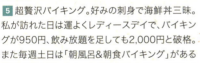

第1章 銭湯を超えた北海道銭湯

北の大自然を体験できる日高の総合基地 まさご湯

浦河町

銭湯から森へ、川へ、草原へ

鳥のさえずりでパチッと眼が覚めた、朝5時。ここは泊まれる銭湯、まさご湯。これから店主・大久保直幸さんがネイチャーガイドをしてくれる。「ゲストハウスまさご」のメニューの一つだ。

ふかふかの土を踏みしめ森の奥へ進む。東京の学生さんも一緒だ。

「この鳴き声は？」「シマエナガとエゾフクロウだね」

大久保さんは自然と私たちを結ぶ通訳みたい。「シーッ」と口元で立てた人差し指を、そっと森に向ける。「ほら！」その先にフクロウが見えた。

日高地方はサラブレッドの産地。広大な牧場が続く。ここではサラブレッドを巡って大金が動く。ただの大自然じゃない

1 「ゲストハウスまさご」のロビーは日高らしさがいっぱい。テーブルの土台には漁港の鮭箱が再利用されている。バーカウンターでお酒を飲みながら旅の情報交換も楽しい
2 名物のラーメンを作る大久保直幸さん
3 1954（昭和29）年創業の「まさご湯」。2代目の直幸さんは1996年に改築して「ラーメンまさご」を開店。2018年には息子の直哉さんとともに2階の家族風呂をゲストハウスへとリニューアル

森から川、そして草原へ。特に「サラブレッドロード」は圧巻だ。全国の競走馬の約80％を育む日高地方。たくましい馬たちが悠々と過ごす大牧場、立派なトレーニング設備、模擬レース施設。

「高いサラブレッドは億単位だね」

そっか、この大自然から闘いに出向くのか。

日中は青空がのぞく岩風呂。夜は闇と静寂に包まれて違う表情を見せる

浴室の白いタイルがまぶしく光る

「ここにはネオンはないけど、大自然はあるよ」

浦河出身だが東京で会社員を経験した大久保さんだからこそ、見える景色があるのかな。

午後はバスに乗って浦河町乗馬公園に行き、私も少しだけ馬に乗ってみた。

やっぱり街には銭湯が必要

まさご湯は、浴室タイルが白くまぶしい。その白に、眺めてきた景色を投影するかのように振り返る夜。熱すぎない湯、おだやかなスチームサウナ、それぞれが幻みたいな時の余韻をフワリと締めくくる。

湯上りは、食欲をそそるにおいが……正体は銭湯から直通のラーメンまさご。さっきまで隣でぼーっと湯に浸かっていたおばちゃんが、旦那さんと元気にラー

浦河町乗馬公園にて乗馬体験。かつてはレースを走った馬の背中が刻む、速くて、でも落ち着きあるリズム。このまま風に溶け込めそう

1 1918年に建った港の映画館・大黒座。前の漁船の周りをカモメが飛び交う。がっしりした構えはなんだか銭湯みたい。乗馬体験までの時間、映画を楽しんだ。まさご湯から約2km 2 スイーツ店「いちご屋」で買ったいちごクレープ。大福やいちごスムージー等のイチゴが浦河産。まさご湯から徒歩4分

3 浦河に実家がある友人から教えてもらった街の洋食屋さん「サフランドール」。鉄板に置かれた熱々のハンバーグがおいしすぎで、オニオンスープも頼む。大黒座のすぐ近く 4 タクシーの運転手さんが教えてくれた居酒屋「味処三之助」にて、柔らかくて新鮮な、人生一おいしいタコ。土産屋で買ったタコの珍味もおいしかった。まさご湯から徒歩2分

反対の入口から来るだけで馬は警戒する。繊細だ、ごめんね

まぶしい光に満ちた浦河の海

メンをすすっている。

　まさご湯は1954年創業。「町を盛り上げてほしい」と役場から土地を譲り受け、井戸を掘った。1996年には2代目直幸さんがラーメン屋を開店。「町の名物と雇用をつくりたい」と食品工場まで事業を拡大。2018年には、家族風呂やサウナ施設と変遷があった2階をゲストハウスに刷新。

直幸さんは宿泊者向けにネイチャーガイドも行なっている。連れてきてもらった川の心洗われる風景

今や、地域の人と旅行者とが出逢い交差する場所となった。

「もう、必死だよね」

と大久保さんは言う。浦河に戻り、町を少しでも良くしたいと試行錯誤してきた。銭湯以外の事業も成長したが、初代が銭湯から始めたことを感謝する。「誰もが分け隔てなく、くつろげる場所がやっぱり町には必要なんだよね」と。

浦河の街を歩くと、小さな映画館、老舗の洋食屋さん、海辺のパン屋さん、軒先で魚を干す魚屋さん、浦河産いちごのスイーツ店……自然に負けないほど人の営みが溢れている。と、ふいに、廃線となったJR日高本線のレールに出くわした。車道にするためにバツンと切断されたレール。でも、なんだろう……この断面は力強く、潔ささえ感じる。

きっと浦河の大自然や町で、豊かさに触れたからだろう。

1 ネイチャーガイド、森を抜けて山を下る。「運が良ければ、鷲、フクロウ、シマエナガも見れるかなぁ」 2 銭湯から直通の「ラーメンまさご」。ラーメンも餃子も、とにかく絶品。名物「ミルクカレーラーメン」は濃厚かつまろやかなスープにちぢれ麺がからみつき、やみつきになる味わい。餃子は「まろやか黒昆布餃子」「行者にんにく餃子」「サラサラレッド餃子」等、地元素材にこだわり抜いた計5種。冷凍餃子、スープ付乾麺は東京の物産館等でも扱われる全国区の味だ

日高本線の廃線跡。鉄道がなくなったのは寂しいが、浦河で過ごした時間の楽しさや、直幸さんの姿が希望に満ち溢れているせいか、わびしさは感じなかった

浦河を離れる日、早朝のバスからの朝焼けが心に染み込んだ

ロビーにつけられた手形

ゲストハウスまさごのドミトリー（上）と、サウナ室を改造した個室

まさご湯

浦河郡浦河町
堺町東1丁目11−1
0146-22-2645
14:00-21:30
（月曜日のみ16:00〜20:00）
無休

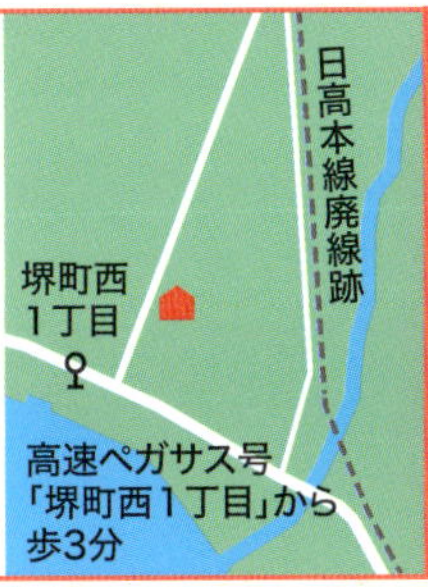

ゲストハウスまさご

宿泊4500円〜

ラーメンまさご

11:00〜15:00、
17:00〜20:00
定休　月曜日

北海道といえばジンギスカン。「松尾ジンギスカン札幌駅前店」にて

コラム

やすこ的 北海道3大グルメ

ジンギスカン

北海道の銭湯で店主さんに「好きな食べもの」を聞くと「ジンギスカン」の多いことよ。ラム肉はもちろん、お肉を焼きながらのんびりする時間そのものが好きなようだ。夏の浴室では「町内会のジンギスカン帰りなのよ」などと聞こえてくる。ジンギスカンの煙にまみれてから行く銭湯はまた格別だ。

ラーメン

旭川「蜂屋」の醤油ラーメン。どんぶり一面を覆うアツアツの焦がしラード。とんこつと魚介系（ダブルスープ）の深～くてコクのある味わい

浦河のまさご湯（24頁）、帯広の天然の湯 自由ヶ丘温泉（118頁）、ローマノ福の湯（122頁）など、道内にはラーメンを提供する銭湯がある。ラーメン店数全国2位ともいう、ラーメン大国・北海道にふさわしい好環境。うれしくって「ラー銭（ラーメン銭湯）」と密かに呼んでいたりする。私が特に好きなラーメン店は旭川にある創業78年の「蜂屋」。幼い頃我が家は、蜂屋で食べるためだけに札幌から日帰り旅をしていたほどだった。

サツマイモ……？

北海道の芋といえばじゃがいもだが、昨今、サツマイモ消費量も多い。小樽・南樽市場の「佐々木商店」、帯広拠点のキッチンカー「おいもさん」、いずれも大学芋が絶品だ。現状は本州産が中心だが、道産サツマイモは2023年に作付面積が前年の倍となり、初の千トン超えを記録した。これから北海道のサツマイモが注目されるハズという期待も込め、私的3大グルメの1つとしたい。

1

2

1 お砂糖がシャリシャリ口どける、「佐々木商店」の “白い大学芋”

2 キッチンカー「おいもさん」の大学芋。私がテレビで紹介する機会があり、佐々木商店さんはマツコ・デラックスさん、おいもさんは大泉洋さんから太鼓判をいただいた

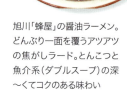

第2章

札幌の旅

私の生まれ育ったまち、札幌。
すべてが集まる大都市の片隅に、
ホカホカになれる湯がいくつも沸いている。

札幌市電

川沿湯(50頁)の脱衣場

北海道大学のイチョウ並木

豊平川にかかる五輪大橋の冬景色。真駒内湯（48頁）、川浴湯（50頁）から近い

温冷差きわだつ
レトロ銭湯
藤の湯

手稲区

手稲鉱山で採金していた坑夫のために作られた温泉旅館がルーツ。3代目店主・森山光夫さんと手作りの木製スタンド

藤の湯
災害時支援協定
締結店
●入浴支援 ●生活用水支援
札幌公衆浴場商業協同組合
WELCOME to SENTO
ゆ
幸運
招福
牛乳石鹸

脱衣場は懐かしい風情に溢れている。が、浴室入口のボタン式自動ドアなど、店主独自の工夫が随所に

歴史と工夫とパレット沸かし

札幌最古の銭湯、藤の湯。今年で創業105年を迎える。初めて訪れた日は猛暑で、駅から8分歩いただけで汗びっしょり。熱い湯が好きな私だが、ちょっと不安になってきた。

暖簾をくぐると、札幌では希少となった木製の番台が覗き、懐かしい雰囲気が溢れている。目を引くのは、3代目・森山光夫さんの独自の工夫。薬湯ポスターを貼る木製スタンドは光夫さんのお手製だし、浴室ドアは押しボタン式で自動開閉する。「でもおばあちゃんとか、時々挟まりそうになっちゃってさ」と笑う。確かにちょっと挙動不審な動きかも。他にもパーマ屋さんからもらったレトロな休憩椅子など、ここでしか出会えないものばかりだ。「いやいや、大したことないよ!」

1 藤の湯から徒歩6分ほど、「焼きいもとソフトクリームの店　はちや」の黒蜜きなこソフト。湯上がりのほてった体と乾いた喉に、甘さ控えめのアイスが嬉しい

2 手稲山の伏流水を沸かした湯は、まろやかな水質。水風呂は冬場は14度くらいまで冷える

湯に浸かる。熱い……あ、深い。さらっとして、全身がじわじわと心地いい。外はあんなに暑かったのに。続いて、かけ流しの水風呂へ。つ、冷たぁ。一気に、キンと冷やされた。じわじわ・キン！　これが手稲山の伏流水か。

かつて手稲鉱山の鉱夫も浸かった藤の湯。1919年に初代が温泉宿を買い取った時点で温泉は枯れていたが、地下水を沸かした湯は今も評判が良い。

地下水を沸かす燃料は、本州から荷物とともに旅をしてきた木製パレット。返送費が高いので北海道で廃棄されるちょっと切ないパレットたちを、光夫さんが苦労して解体し、心地いい湯に変える。

大雪の重みで屋根の一部が崩落し、休業を余儀なくされたこともあった。

「かろうじて生かしているようなもんだよ」

この建物は、長年連れ添った仲間のような存在なのかな。

湯あがり、また猛暑に放り出されたけど、サラッとした心地いい汗が流れてきた。

3 天井は2022年に大雪の重みで一部が崩落し、その際に新調したもの。数か月の休業を余儀なくされた。奥のミストサウナは想像以上に熱く、座面も熱い　4 木製パレットを解体して燃料にする。骨の折れる仕事を長年こなしてきた

藤の湯

札幌市手稲区手稲本町
2条2丁目2-15
011-681-3217
14:35-21:00
月曜日 定休

第2章
札幌の旅

ホッとできる私のホーム 福の湯

北区

ぬる湯も大切な時間

福の湯は、私の実家から一番近い銭湯。あちこち旅しては、いつもここへ帰って来る。店主の小西廣幸さんは北海道のみならず全国の銭湯の組合役員を長年お務めなだけあり、各地の銭湯をよく知っているというか……想っている。だから私も、いい銭湯旅をしたら小西さんに話したくなる。「最近、どんな銭湯に行きました?」と、今日もにこやかに小西さんが迎えてくれる。

浴室には多様な浴槽が並ぶが、中でもラドン浴のぬる湯に浸かる時間は、道内の銭湯旅で熱い湯に浸かることが多い中、自分の心を整える儀式のような大切なものに感じられる。浴室の電球の灯を、ラドン浴室のガラス越しに眺め、深呼吸する。この設備たちは

1 ガラス面が広くて明るい浴室。がっつりぬくもる熱い湯と、ぬるめのラドン浴。そしてミストサウナではタオルに顔を包みながら毛穴が開くのを感じる 2 脱衣場では地元の野菜が売られていることも 3 北海道銭湯の歴史と変化を見つめてきた福の湯。店の手前にはかつて市場があり賑わっていたそうだ

福の湯

- 札幌市北区新琴似7条6丁目6-1
- 011-761-5097
- 14:30-22:00
- 月曜日 定休

学園都市線「新琴似」から歩14分

脱衣場はガラス張りの男女仕切り壁が移動式になっており、開店前の時間と場所を活用してデイケアや体操教室などに長年取り組んできた

私の1歳上（１９８４改築）と知って以来、その働きっぷりに勇気づけられるようになった。先輩、私もがんばるっす。

１９７１年に先代が離農し、古くからここにあった銭湯を購入。当時は隣に大きな市場があり、両店とも大賑わいだったとか。今は市場もなくなり街の景色も変わった。でも、福の湯はここにある。

「銭湯で商いさせてもらって54年。その恩返しをしていきたいんです」

開店10分前から楽し気に待つ常連さんの列を見て、その意味を知った気がした。

新琴似駅から福の湯へ行く途中にある新琴似屯田兵中隊本部。明治期の建物を復元し、当時の資料が展示されている

国道沿いにたたずむ楽園 鷹の湯

豊平区

控えめなようで実力派

新千歳空港から高速バスに乗り、25分ほど経つと国道36号線に入る。北海道農業研究センター、札幌ドーム……私にとって「札幌らしい景色」が続く。そして鷹の湯。大型チェーンひしめく36号線でうっかり見過ごすほど、控えめに書かれた屋号、一歩奥まった入口。5年ほど前に初めて訪れ、その魅力を知った私はとっさに途中下車のボタンを押してしまった。

さぁ浴室へ。「熱め」「ぬるめ」味わい深い手書きの張り紙。「熱め」

店主の村田恒雄さんによる手書きの貼り紙が目を引く。
鷹の湯の天井は道内銭湯の中では群を抜いて高く、開放感がある

は「42〜43℃」と書いてあるけど、それ以上に熱く感じるのはここのお決まり。鷹の湯ご自慢の高い天井を仰ぎながら、気持ちよくなってきたらサウナへ。サウナの壁は北海道の建物の外壁によく使われるサイディング仕様。ポコポコしてもたれるのにちょうどいいコレ、3代目店主・村田恒雄さん自ら貼ったそうだ。熱い湯と対照的に、やさしい温度のサウナで落ち着く。最後はよく冷えた水風呂でシャキッ。

あぁ、控えめな外観なのに、なによこの充実感！　能ある鷹は爪を隠す、だな。

鷹の湯の初代は1935年に小樽からこの地に移り住み、創業。現在は3代目恒雄さんが湯を守り、娘の佳織さんも公式SNS（X）で陰ながら応援中。もうじき90周年を迎えようとしている。

4

3

1

6

5

2

5 6 鷹の湯から徒歩3分の「宮越屋珈琲 豊平店」。札幌軟石の蔵を改装した店は外観・内観ともにレトロモダン

鷹の湯

札幌市豊平区豊平4条7丁目1-3
011-811-6935
14:30-22:30
水曜日 定休

地下鉄東豊線「学園前」から歩7分

1 札幌中心街のすすきのから国道36号線を東へ、豊平川を渡った先に鷹の湯がある

2 交通量の多い国道36号線。新千歳空港から直行するなら、札幌行きリムジンバスで「豊平3条10丁目」下車、徒歩7分

3 鷹の湯3代目・村田恒雄さんと、娘・佳織さん

4 鷹の湯オリジナル「サイディング のサウナ」

第2章
札幌の旅

隅々まで美しいお風呂の交差点
美春湯
白石区

まあいろいろとすごい！

「こんちゃややや〜！！！！！！！」

ＳＮＳのタイムラインに踊り出る、いつもの言葉。と同時に、ブクブクと沸いた浴槽、手元の入浴剤が映し出される。そこに魔法みたいな手さばきで広がる入浴剤の靄。うわぁ、今日も美春湯はいい湯が沸いている。

美春湯は、札幌地下鉄東西線「南郷7丁目駅」を出て2分ほどのアクセス良好な銭湯。1979年竣工のビルは、1階・銭湯、2階・家族風呂、3階・テナントとなっている。先進的な造りに当時は全国から視察者が訪れた。

この先駆者魂に溢れるビルをさらにバージョンアップさせるのが3代目中澤正貴さんと妻の久美子さんだ。当初はSNSでは入浴マナーを投稿していたが、「まず銭湯に興味を持ってもらわないと」と思い、遊び心ある入浴剤投下動画をスタート。今やそれは美春湯の顔の一つになり、タオルにロゴとしてあしらわれるまでになった。

その噂の薬湯に浸かってみたら……まぁいろいろと驚いた。香りたつ薬湯に癒されるのはもちろん、浴槽際まで迫るタイル絵は筆遣いまで見えて美しい。見上げれば、巨大バルーンかと言うほど大きな丸い電灯。浴槽前に常連さんらが積み上げる風呂椅子タワーも芸術品。もう、薬湯以外もすごいじゃない！

1 美春湯によるSNSは、入浴剤投下の動画と一緒に投稿される
2 フロント前の中澤夫妻

4

3

2

1

女湯浴室には山脈と渓流のタイル絵、男湯のタイル絵は富士山。
大きな電灯は「若い人たちが『エモい』って言うんだよ」と中澤さん。
浴槽の正面には「風呂椅子タワー」

3 公衆浴場とは別に、バイブラ付浴槽のある家族風呂もある 4 美春湯から徒歩1分にある元祖スープカレー「マジックスパイス札幌本店」にも寄っていこう 5 交差点にそびえたつ美春湯ビル。1階で風に揺れる暖簾に風呂心をくすぐられる

5

美春湯

- 札幌市白石区南郷通7丁目北5-16
- 011-864-1754
- 13:45-21:45
- 水曜日 定休

地下鉄東西線
「南郷7丁目」から歩2分

第2章
札幌の旅

路面電車で行くパワースポット
末広湯

中央区

床のタイルの美しさ

ゴトゴト走る札幌市電は市の中心部をぐるりと一回りして同じ場所に戻ってくる。その路線に囲まれたところに末広湯がある。

初めて訪れたのは確か10年ほど前。「靖子が好きそうな銭湯がある」と祖父が新聞の切り抜きをくれたのだ。暖簾をくぐると、2代目店主の前田一裕さんと和恵さんが笑顔で迎えてくれた。

浴室の戸を開けると、ぼかし折り紙を敷き詰めたようなタイルが美しい。足で踏むのを躊躇してしまうほどだ。奥に待ちかまえる浴槽はどれも深く、熱と水圧が心身をジワリと包む実感がある。

湯上りはフロント横一列に置かれたソファに座り、和恵さんとおしゃべり。なにやら男湯側に座るおじちゃんが愚痴をこぼしている。「あなた、そんなんじゃあ損ばっかりしちゃうよ?」と和恵さん。そして「ね?」と女湯側でガラナを飲む私を向く。「そうですよ? くわしくはわからないですが!」慌てて言う私に、皆が笑う。

あぁこのフロント横、パワースポットだなぁ。マチにもこんな銭湯がある。祖父の見立ては間違いなかった。

フロントの和恵さんと、それに並ぶベンチが末広湯のパワースポット

札幌市電は発車して走り去る時、「ピロリロピロロン♩」とメロディーを奏で、一拍おいて「プウッ」と警笛を飛ばす。これを聞くと札幌にいる実感が湧いてくる

札幌市電の中島公園通駅で降りたら観光客に中島公園への道を尋ねられた。末広湯とは逆方向だけど歩きながら案内していたら、いきなり荘厳な洋館が姿を現した。社会科で習った「豊平館」……こんなところにあったのか。私、まだまだ札幌を知らないなぁ

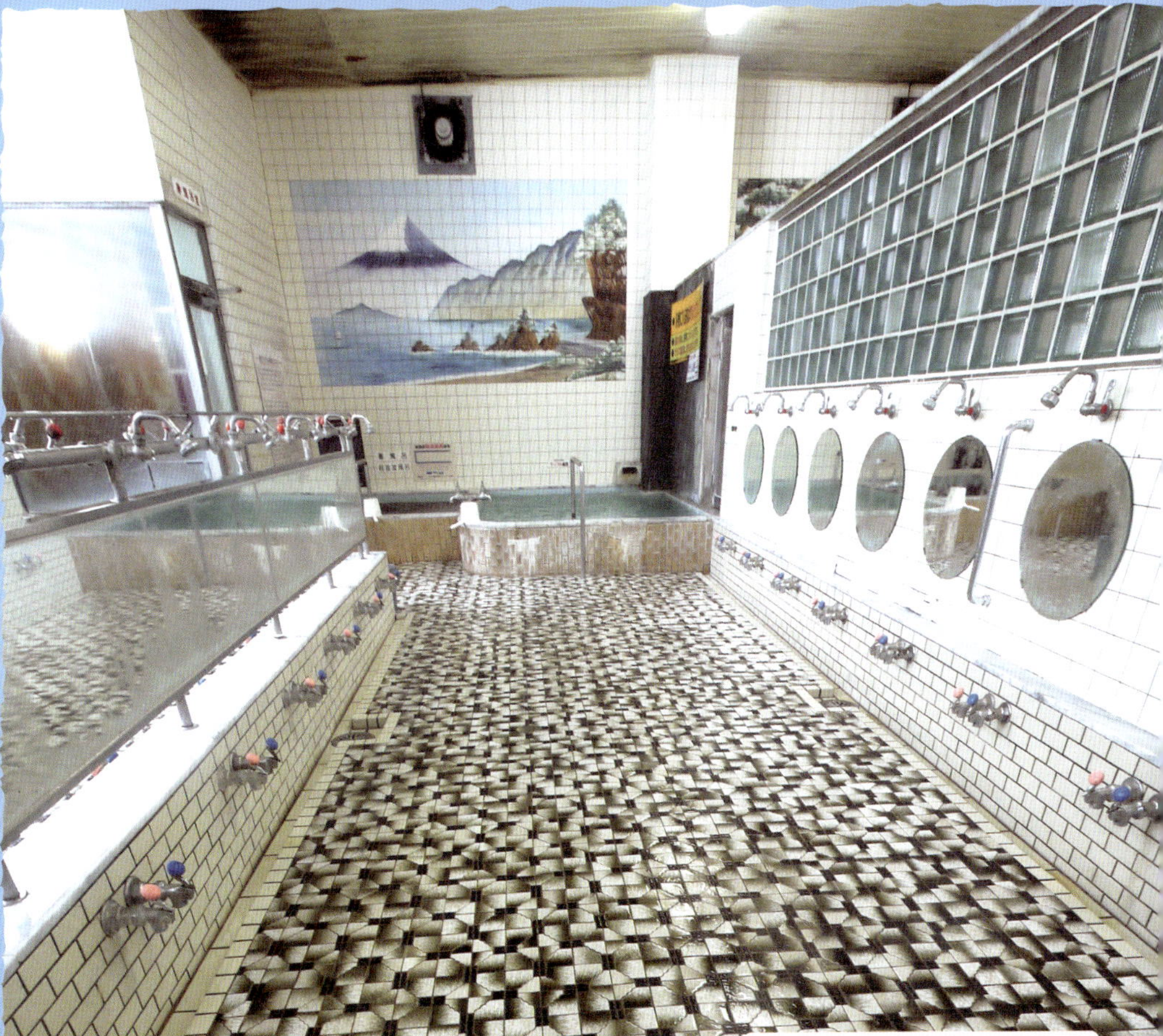

壁にある富士山のタイル絵は、大窓の先に広がる景色のように見える。
湯に浸かりながら仰ぐと、蒸気の粒でキラキラ輝いて美しい

主浴槽・薬湯とともに水風呂も深め

末広湯

- 札幌市中央区南11条西12丁目1-12
- 011-561-7194
- 14:30-21:00
- 金曜日と第1・3木曜日定休

市電「西線11条」から歩6分

札幌市街地の中心部にある末広湯

駅前10秒 真ん中の浴槽に集まろう
奥の湯

北区

真ん中の主浴槽。やわらかな地下水にブラックシリカが沈んでいる

3代目とゆかちゃん

奥の湯は「駅前銭湯」だ。地下鉄の出口から徒歩10秒。店主の古名《ふるな》智亮《ともあき》さんの気さくさと相まって、とても立ち寄りやすい。

古名さんは２０１８年に3代目となって以来、番台をフロント式に変え、ミニ夏祭を開催するなど、新しい試みに挑戦してきた。フロント横にはかっこいい「奥の湯Tシャツ」が飾られ、地元のFMが軽快に流れている。

２０１９年からスタッフをしているゆかちゃんと湯に浸かる。北海道で銭湯経営を目指す女子で、関東では5軒の銭湯で修行を重ねてきた。

「皆が真ん中に集うかたち、いいですよね」

かみしめるように彼女は言う。

奥の湯は、浴室の真ん中に浴槽が

ゆかちゃん。奥の湯のオリジナル暖簾はゆかちゃんの発案

店主の古名智亮さんと子どもたち

「梅酒BAR SOUL COMPANY」にて、ゆかちゃんのお気に入り「シャリシャリ柚子大根」。大根の漬物を柚子汁で凍らせたもの。口の中で淡雪のように溶ける

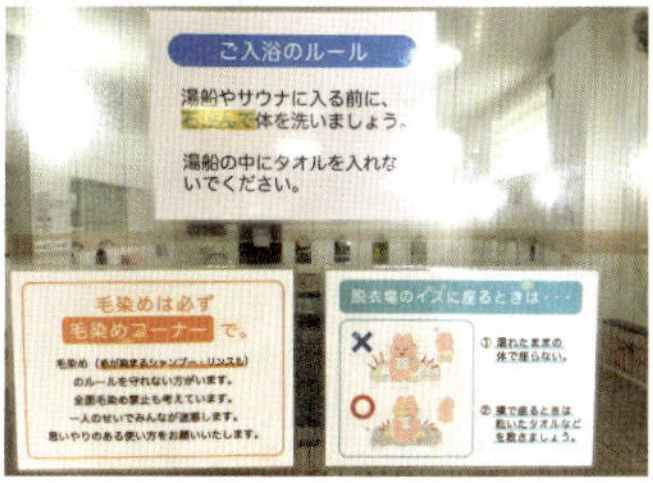

ゆかちゃんが作った案内や注意書きが貼られている

ある。「他とは一味違う銭湯にしたい」と2代目の町子さん（智亮さんの母）の希望で、元は奥寄りだった浴槽を中心へ移動させたそう。あぁ、いい温度。いい香り。いい刺激。そりゃ、全員集合だよね。

湯上りはゆかちゃんススメの「梅酒BAR SOUL COMPANY」へ。奥の湯から徒歩1分で、期間限定のおでんや「シャリシャリ柚子大根」のおいしいこと！……と私が浮かれていたら、ゆかちゃんはうれしそうに笑い、夜の掃除をしに銭湯へ戻っていった。私も戻っちゃおうかな。いや、また近いうちに皆に会いに来よう。

地下鉄南北線「北34条駅」5番出口を上がって、すぐそこに見える赤茶の建物が奥の湯

奥の湯

- 札幌市北区北31条西3丁目4-15
- 011-726-1813
- 14:45-22:45（水曜日のみ13:00〜）
- 金曜日 定休

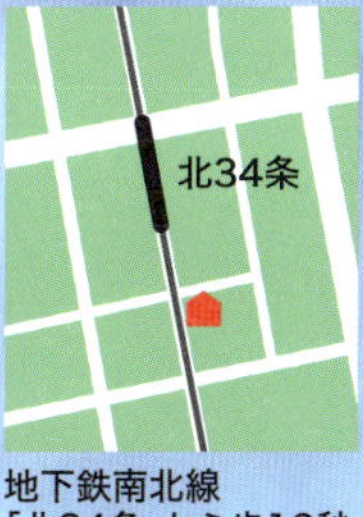

地下鉄南北線「北34条」から歩10秒

第2章
札幌の旅

公園の隣にひそむタイルの楽園
真駒内湯

南区

「母さんは毎日毎日磨くんだ」

真駒内駅を降り、かつてはオリンピックの選手村だった五輪団地へ。似た佇まいが並ぶせいか、歩いても進んだ気がしない。夏はここで汗がにじみ、秋冬は寒さが身に沁みる。やがて急に景色が開けて公園が現れ、その先に見える赤茶色の建物が真駒内湯だ。この数分の散歩が、同湯のとびきり熱い湯をさらに心地よくしてくれる。

久しぶりに訪れた。「最近は

公園の向こうに現れる真駒内湯。昔は2階がカラオケだったが、今は営業していない

真駒内湯

- 札幌市南区真駒内上町3丁目2-7
- 011-581-1878
- 14:30-22:00
- 火曜日と金曜日 定休

地下鉄南北線「真駒内」から歩11分

ねぇ、昔みたいに熱くないんだよ」と、店主さんがすまなそうに言う。そう聞いて恐る恐る浸かる。確かにヒリつかないような……でもジワッと体が熱くなる。あぁ、健在だ。

「オヤジが病気になった時、東京にいた俺が戻って店を手伝いはじめたんだ」

２０２２年に他界された「オヤジ」さんは、その40年も前に2階をテナントにするなど当時としては斬新な改装を主導したアイデアマンだった。

「母さんは、毎日毎日タイルを磨くんだ。腰悪くするよ、って言ってるんだけどさぁ」

「だって気になるんだもの」

みんなで笑った。

真駒内湯を出て、また五輪団地へ向かう。体も心も灯がついたような気分で、駅まであっという間だった。

青を基調としたピカピカの浴室は、目にも清々しい。奥のスチームサウナも実力派で、即ビショビショになれる蒸気の勢いは病みつきに

1 入浴前は音楽ホールも兼ねた「真駒内 六花亭 ホール店」へ。カフェもあり、北海道の老舗菓子店ならではの上質なスイーツや食事を気軽に味わえる（真駒内湯から徒歩10分）

2 湯あがりは、札幌オリンピックの時に“サバ寿司”が人気すぎて看板メニューになった「江戸金寿し」で、とろけるひと時を（真駒内湯から徒歩1分）

第2章
札幌の旅

かなちゃんが日本一好きな銭湯
川沿湯
南区

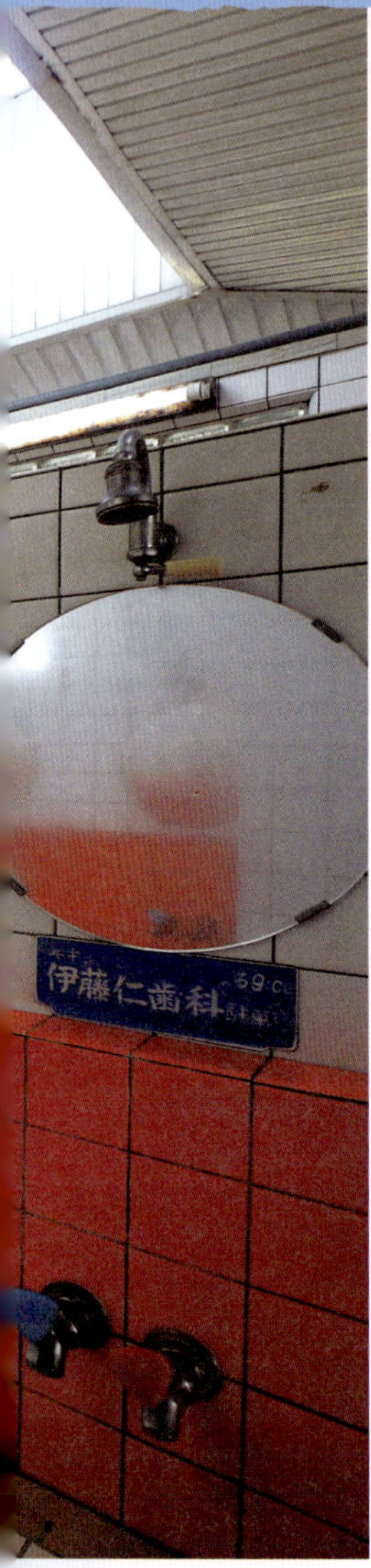

誇らしげに、とめどなく

「やすこさん、どうです？ いいでしょ？」

かなちゃんは首をかしげ、ニッコリする。かなちゃんこと中西可奈さんは、銭湯経営を夢見る銭湯大好き女子だ。彼女が喜楽湯（埼玉県川口市）での修行を終えて札幌に戻る前、いつか「日本一好きな銭湯」に連れていってくれると約束をした。それがこの川沿湯だ。

「ウチは古いし、なんのとりえもないのよ」と、共同で運営する小竹久美子さんと野田幸子さんはすまなさそうに言う。「いいえ！」きっぱり彼女は否定する。「ピカピカだし」「オレンジのタイルだって、元気になれる色だし」……誇らしげに、そしてとめどなく愛でている。その愛のシャワーを存分に浴びた私。

実際に入浴し、とりえがないなんて笑っちゃうほどの嘘とわかった。主浴槽の湯の流れに身を任せて温まった後に入るキンキンの水風呂は、毛穴が躍るような心地良い温冷交互浴だった。他にも数えきれない魅力があるが、なんと言っても、番台の女将さんと常連さんがまるで大家族のようだ。やさしい。かなちゃんが北海道を愛するのは、もうひとつの家族とも

1 脱衣場の鏡の前のかなちゃん。現在は銭湯の修繕も手がける工務店で働く 2 市街地から豊平川を遡った川沿地区にある川沿湯。五輪大橋（33頁）から徒歩10分ちょっと 3 女将さんに番台に座るよう勧められたかなちゃん。「あぁもう……うれしすぎて」と言葉を詰まらせる

湯気抜きからの光、メリハリの効いた色調、美しいタイル絵、キャンディみたいなガラスブロック……明るくて元気が出るお風呂だ

いえる川沿湯があるからなのかもしれない。

　湯上りは一緒に近所のケーキ屋さん2軒に向かったが、いずれも定休日だった。「すみません、私、定休日女なんです」と、なぜか謝り、ションボリする彼女。いいじゃない、また川沿湯に誘う口実ができたもの。

川沿湯

- 札幌市南区川沿4条3丁目2-1
- 011-571-1704
- 14:30-21:30
- 月曜日・木曜日 定休

じょうてつバス
「川沿4条3丁目」から歩1分

コラム

冬の北海道で銭湯めぐり！

銭湯のひとつの極み

北海道の銭湯はいつ訪れたって、心地いい。でも強いて勧めるなら、冬かも。外の寒さを妄想しながら、サナギみたいに満足するまでギュッとあたたまる。そしたらベールをまとったように、寒さは感じても、冷えることなく宿に着ける。この感覚、熱い湯から外気浴をした時の心地よさに近い。雪道は“寒浴”と言うところか。そのせいか時折「冬だけ常連」という客にも逢う。北国の冬は、銭湯のひとつの極みを感じる時期だと思う。

湯冷めしない

湯冷めしない？と聞かれるけど、マフラーを隙間なくグルグル巻き、深く毛糸帽を被り、手袋をすれば心配ない。無免許の私だが、冬の銭湯巡りで風邪をひいたことはないのがその証だ。ちなみに道民は雪で傘はささない。室内に入る前に、手袋でパッパと払えば濡れないからだ（室内に入ると、雪はたちまち溶けて濡れるのでタイミングが肝）。

沸かすほうは大変！

一方で冬は、銭湯経営者が頭を悩ませる季節だ。除雪をし、脱衣場を暖房であたため、どんどん冷める湯を焚く。また零下になると、水道管の破裂を防ぐため水を抜く（水抜きと言う）。銭湯は複雑な配管のため一般家庭より破裂しやすい。北海道の銭湯はパイプが剥き出しなことがあるが、破裂時に対応しやすいための工夫でもある。 あぁ、なんて過酷な北国の銭湯。尊敬せずにはいられない。

1 鶴の湯（上川町）2019年閉店
2 にしき温泉（函館市）のネオンがあたたかい雪道

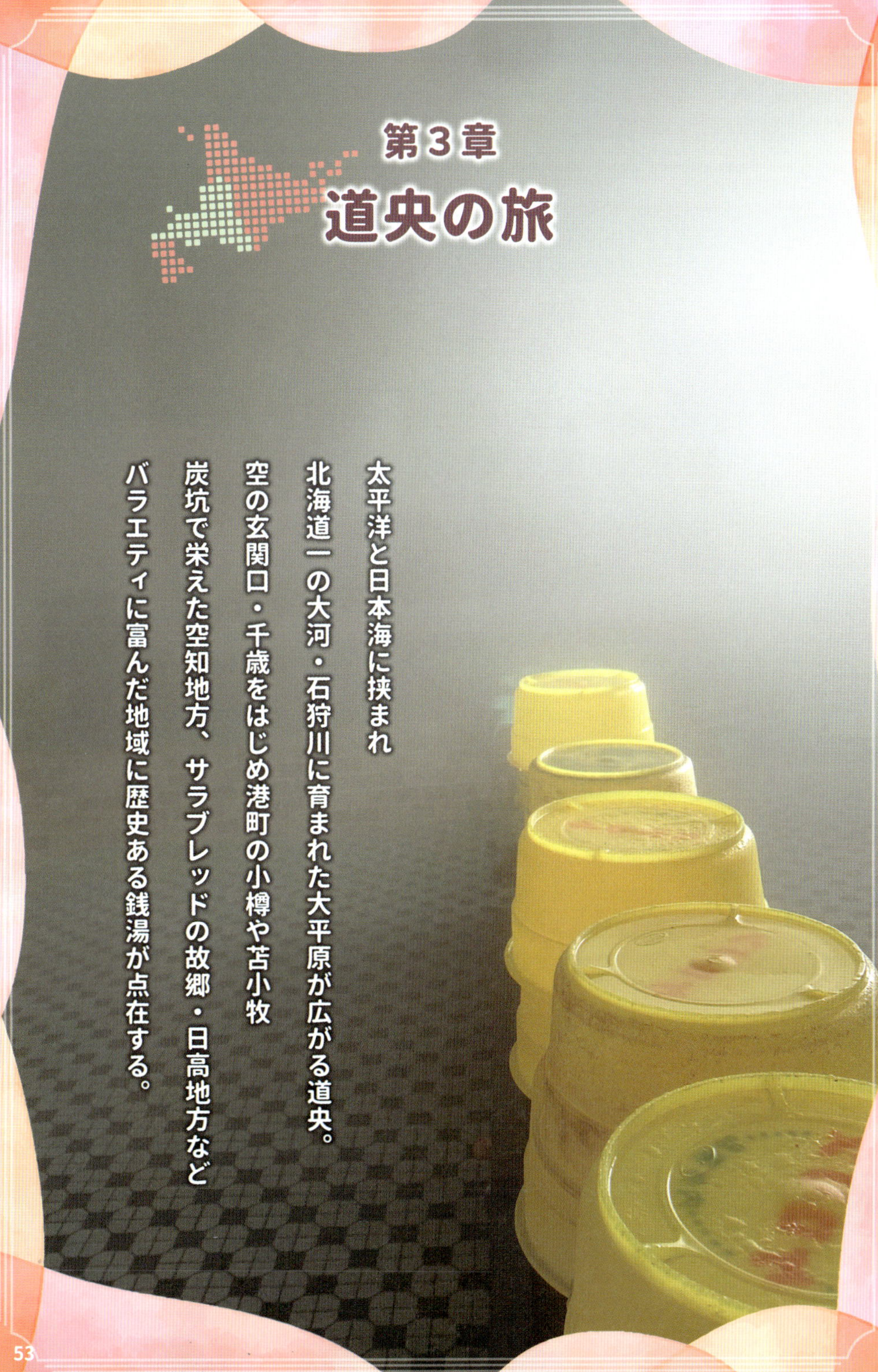

第3章
道央の旅

太平洋と日本海に挟まれ
北海道一の大河・石狩川に育まれた大平原が広がる道央。
空の玄関口・千歳をはじめ港町の小樽や苫小牧
炭坑で栄えた空知地方、サラブレッドの故郷・日高地方など
バラエティに富んだ地域に歴史ある銭湯が点在する。

日高地方はサラブレッドの産地

一気に体があたたまる、小樽・柳川湯（62頁）の熱い湯

小樽運河の夜景

静内のビヤレストラン「赤ひげ」にて

神仏湯温泉

進化する温泉銭湯

小樽市

公衆浴場の主浴槽は地下1300mからの温泉が流れる。温泉の川に身を置いているようなくすぐったさ

広々とした脱衣場（女湯）には、北海道銭湯の定番？和風ゴザが敷かれている

夢のお告げで温泉を掘った

神仏湯温泉は、公衆浴場と家族風呂を持つ温泉銭湯。

「神仏湯、立派になったもんだねぇ」

祖母はしみじみ称える。ここは祖母や母のかつてのホーム銭湯。通っていた１９６０年前後は、温泉も家族風呂もなく、ビルでもなかったそう。「今は“神仏湯・温泉”なんだよ」と、知った顔で言ってみた。

公衆浴場のほうへ入る。浴室には天窓からたっぷり日光が注がれ、温泉がタポタポ流れる浴槽がど真ん中に鎮座する。奥には源泉

家族風呂では温泉を独泉できる

温泉の水で育つ鯉。私は鯉になりたい

家族風呂の受付プレートを持つ、
5代目の大畑喜則さん

かけ流し100%の浴槽。神秘的なオーラを放つ源泉に浸かるのは、主浴槽の後と決めている。禊の順序みたいなもの。

「今日は熱いよ」

見知らぬご婦人が教えてくれた。日によって温度も色も違う源泉。あ、確かに前に来た時より熱いかも。

脱衣場には「温泉飲用」の蛇口がある。ゴクリ。あたたかな飲泉が喉を通り、体が浄化されていくみたい。効能の看板を斜め読みしつつ自分の肌に触れる…うあぁスベッスベ！

明治期創業の銭湯を、1930(昭和5)年に買い取った際に初代が命名した神仏湯。1987年には3代目が「温泉を掘ると良い」というお告げを夢で見て、温泉に恵まれた。神仏湯温泉の誕生だ。今は5代目として大畑良輔さんと弟の喜則さんとで湯を守る。

1 立派な外観。小樽の観光ついでに立ち寄りたい

2 広い浴室の奥にある源泉100%かけ流しの浴槽

3 屋号をなぞった千羽鶴は常連さんの作品

神仏湯の隣のデザートショップ「アンデリス」の濃厚なプリン。季節のフレーバーもあり、来るたびに違う味が楽しめる

神仏湯から徒歩5分の「大八栗原蒲鉾店 本店」。1914(大正3)年の創業時と変わらぬ製法で、魚のうまみがジュワリと味わえるかまぼこが並ぶ

「このあたりは、商売屋の子どもが多かったんだよ」と母が言っていた。今も近くに個人商店が生き生きと並ぶ。プリン屋。大八かまぼこ。あ、南樽市場にも寄りたい。スベスベになったら、足取りも軽やか。小樽に住んでいるような気分で、街に向かう。

神仏湯温泉

小樽市住ノ江1丁目5-1

0134-22-3893

12:30-1:00

銭湯は月曜日 定休
家族風呂は年中無休(年始除く)

腕時計型の宝箱

奥沢温泉 中央湯

小樽市

郷愁が詰まった空間

小樽駅からバスに15分ほど揺られ、「保育園前」バス停で降りると目の前に中央湯がある。夜になると、あえて身を隠すかのように見つけにくい。ソッと戸を引き、その先の灯にホッとする。宝箱を見つけたような優越感に毎度浸る。

脱衣場は、いるだけで胸がキュッとなる。どこか懐かしく、どれも美しくて、ため息が出る。特に目を引くのは、ガラス戸上部の鶴の絵。札幌のホテルにある中華料理屋さんから譲り受けたそう。

1

2

腕時計の形をした珍しい湯船に、トゥルントゥルンの天然温泉が満ちる。建物外観と共通する桃色の配色がかわいくて心ときめく

縁取りが付いていて、周囲の壁も含め1つの絵画みたいだ。

浴室にはど真ん中に、腕時計型の浴槽が。当初円形だったが、子どもたちが走って危ないからと形を変えたそうだ。

トポトポ。湯口から注がれる湯音。ポチャリ。素人の私でも感じるなめらかなアルカリ性の温泉。ワシャワシャ。先客のお姉さんが石鹸を泡立てる。ひとつひとつの音が研ぎ澄まされ、こだまして響く。なんだか時計の針になったみたい。

中央湯は1937年の創業。初代女将である光野麗子さんは、ある日温泉が湧き出る夢を見て、その通りに掘ったところ温泉が湧いた。今は娘の七美さん夫妻も加わって湯を守る。

湯上りに腕に触れたら、私の肌と思えないほどスベスベ。やっぱりここは宝箱だなぁ。

3

1 中央湯の外観。日中は桃色の縁取りと、中央にふっくりと書かれた「中央湯」の文字が愛らしい。だが夜になると、表に大きな電灯がなく、暖簾が風除室の中にあるせいか少し見つけにくい

2 浴室の壁にあるガラスには海のイラストが並ぶ。小さな水槽みたい

3 鶴のガラス絵。松も描かれていて、縁起物に見えてくる

花柄のゴザの上に、飴色の木製ロッカー、白い格天井。郷愁感に満ちた脱衣場

中央湯

- 小樽市奥沢3丁目27-22
- 0134-32-0502
- 14:00-20:00
- 月曜日 定休

路線バス「保育園前」隣
函館本線「南小樽」歩27分

第3章
道央の旅

榎本武揚ゆかりの地のモダンな湯

柳川湯

小樽市

「半身揚げ」からの思い出

小樽駅から海に向かって中央通りを下ると、左手に梁川通りがある。通り一帯は、かつては開拓使・榎本武揚の保有地だったらしい。

でも私にとってそこは「なるとの通り」だ。「若鶏時代なると　本店」は、熱々の若鶏半身揚げの店。両手でエイッと持ち上げ、パリパリの皮、ジューシーな肉を頬張る。幼い頃からこれだけのために家族で小樽まで来ていた。

７年くらい前のある日、父がふいに隣の柳川湯を指さし、

「やす、寄ってくか？」

と言った。銭湯好きの大人になった私を、父はサラリと誘った。私が柳川湯の佇まいにソワソワしているのを察していたのだろう。

「半身揚げで汗かいたし、いいね」

うれしかったのだけど、なぜか父には素直にありがとうと言えない私だった。

それまで半身揚げを買うばかりだったことを悔やむほど、柳川湯は心地よかった。天井から注ぐ日差しをあびながら汗を流し、熱湯でさらに体を温める。あの日から、なるとからの柳川湯は父と私のお決まりの流れとなった。

大正時代の風情を残す外観は、父も気に入っていた。

「いつ来てもモダンだな～」

「若鶏時代なると本店」の若鶏半身揚げ。
揚げたてアツアツが
銀色の皿に乗って出てくる

柳川湯

小樽市稲穂3丁目16-16
0134-23-2271
14:30-22:00
月・金曜日 定休

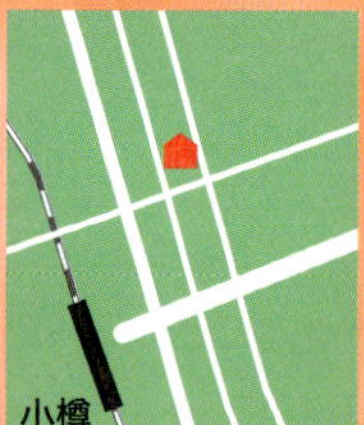

函館本線「小樽」から歩6分

新調した三角の湯気抜きから入る日差しが、真ん中の主浴槽に心地よく降り注ぐ。手前に浅めのバイブラ・ジェット風呂、奥が深め。男女ともに富士山のタイル絵があり、湖畔の木が男湯は松、女湯は白樺

最後に父と訪れた時、入口前で言っていたっけ。柳川湯さんは今も変わらずモダンだよ。心の中で亡き父にそう語りかける。

どこか懐かしいたたずまい。1922（大正11）年の創業時から風情は変わらないことを代表の田中宏和さんが教えてくれた。夜は電照式の看板に屋号が光る。榎本武揚の船が「梁川（りょうせん）」と称したことから「梁川（やながわ）通り」の名がついたともいう。柳川湯前にも商店街のノボリが飾られている。駅から徒歩6分、観光エリアからも近い

第3章
道央の旅

北海道の玄関口でカルストーンサウナを

末広湯

千歳市

手前から、体がしっかりあたたまる「シリカブラック湯」。勢いのいい「座式ジェットバス」。懐かしい薬草の香りがする「宝寿湯」。北海道では「宝寿湯」の薬湯はあまり見かけないので、毎回うっとり嗅いでしまう

別れの寂しさを救ってくれる

北海道からの帰りに新千歳空港に向かう。あぁ帰りたくないな……。でも、大丈夫。寂しい気持ちを千歳の末広湯が救ってくれる。JR新千歳空港駅の2駅手前で降りて徒歩5分。ここは旅人と常連さんが交差する銭湯だ。

まず、旅を振り返りながら3種の湯に浸かる。そしてお待ちかねの「カルストーンサウナ」は末広湯が発祥の地だ。千歳工業団地にあったメーカーの自信作で、末広湯の

看板娘として長年番台をつとめた廣重幸子さん。生け花の資格を持ち、店内に季節の花を生けることも楽しみの1つだった

末広湯

- 千歳市末広1丁目6-6
- 0123-23-2651
- 12:00-23:00
- 火曜日 定休

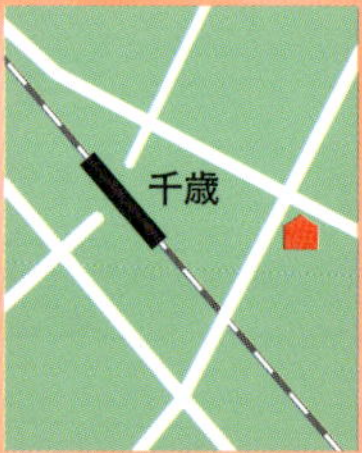

千歳線「千歳」から歩4分

「ただいま」も「また来るね」も受け止めてくれる立地。「女将さんに挨拶しないと旅が締まらない」という客もいたほど、旅の〆に訪れる人が多い

先代との縁があり初導入店となった。湿度・温度は控えめで、サラッと汗がにじむ。北海道の夏のようなやさしさは病みつきになる。以前のヒーターは故障し、メーカーも廃業してしまったが、カルストーンの壁はそのまま。これからもご当地サウナで迎えてくれる。

女将・廣重幸子さんとのおしゃべりも湯上がりの楽しみだったが、先ごろ引退されてしまった。「待ってますよ」と笑顔で見送られて、心地よく帰路につけた。

寂しさの一方、明るいニュースも聞こえてきた。息子の貴幸さんと一緒に孫の進之介さんが店の運営に加わったのだ。最近は千歳の半導体の大工場建設に伴い、今まで見なかった客層も増えてきた。

目まぐるしい変化があるけれど、末広湯はきっとこれからも私たちを見送り、出迎えてくれる。

「カルストーンサウナ」の設置店は北海道の銭湯が大半。北陸を中心に本州でも見かけられるが、メーカー廃業により数は激減中。稀少なご当地サウナと言える

第3章
道央の旅

美しきタイルと湯守りガエル
錦湯
恵庭市

「花のまち」らしい美銭湯

恵庭市は「花のまち」を標榜するだけあって、花好きにはたまらない施設がいっぱい。"花の拠点 はなふる"の花が咲き誇る園地や"えこりん村"の大牧場で草を食む羊の群れを眺め、自然の色に埋もれて、アッという間に時は過ぎていた。恵庭に1軒残る銭湯、錦湯に寄って帰ろう。

浴室の真ん中にある浴槽に浸かろうとする……と、湯口の上に信楽焼の蛙がちょんと乗っている。黒々とやさしい瞳が、私を見つめている。かわいいなぁ。あ、蛙の背中に子ども蛙が乗っているんだ。ここから親子でみんなを見守ってきたのかな。

浴槽の床にはモザイクタイル絵。男女仕切り壁のガラスブロックは赤や黄の差し色が散る。それらはピカピカに磨かれ、作品みたい。「花のまち」にふさわしい銭湯だと感じた。

「親父は、相当こだわっていまし

恵庭に咲く花

日本最大級の羊牧場が広がる "えこりん村"

2

1

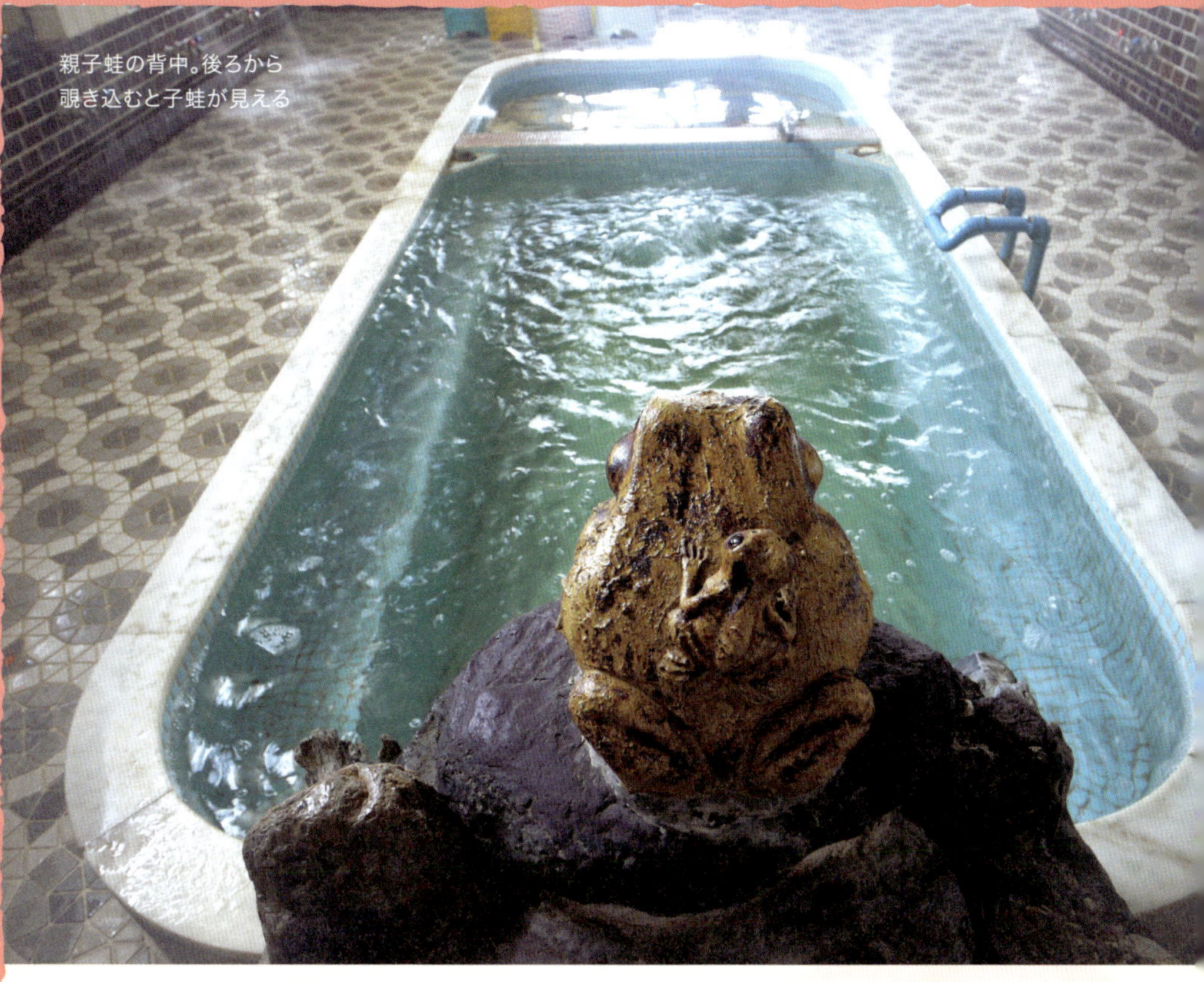
親子蛙の背中。後ろから覗き込むと子蛙が見える

たね」

　そう話すのは店主の吉冨登さん。1975年に現建物への大幅リニューアルをした先代は、あちこちの温浴施設を巡り、吟味をしていたそうだ。その先代が亡くなってからは、登さん夫妻と大女将とで錦湯を守る。

　登さんのお気に入りは「45度くらいの熱めの湯」。装飾の美しさに加え、湯へのこだわりこそが銭湯だ。

　「またここにカエってきてよ」と、親子蛙が言った気がした。

錦湯

- 恵庭市相生町2丁目5-14
- 0123-32-2968
- 14:00-21:00
- 火曜日 定休

千歳線「恵庭」から歩5分

1 主浴槽の底に施されたモザイクタイル画。男湯は荒波が立つ海辺、女湯は山ぎわの湖畔

2 サンルームみたいにガラスで仕切られた寝風呂。こもった蒸気でさらに体をふやかし、空間を出た瞬間はとても清々しい

3 錦湯外観。入口の上には年季の入った屋号入り電灯を残しつつ、電子掲示板も新たに導入。戸の内側に暖簾をかけるのは北海道銭湯らしいスタイル

雪深き「ゆあみ」の地にアツアツの湯

五月湯

岩見沢市

寒さのぶんだけあったかい

「岩見沢の銭湯は、雪との闘いよ」と五月湯女将の能沢栄子さんは笑う。岩見沢は特別豪雪地帯の指定エリア。札幌駅からJR快速に約30分乗っただけで、倍以上の雪壁に出くわした日もあった。そんなわけで冬は除雪も大仕事だが、遠方から約45度の湯を求めて常連さんが来てくれるのだから、寒さの分だけ熱い湯を仕込む。その姿勢は季節を問わない。

以前お伺いしたのは静かな夜。

番台式でおしゃべりが弾む脱衣場。空間をぐるりと囲むパイプの先は熱煙突式ストーブ

下弦の月みたいな湯口からほとばしる熱湯。1970年の改築時はもっと複雑な柄のタイルを貼ったが、サイズが合わず総剥がしとなって現デザインに。でもこの淡い色合いのタイルは常連さんからも「落ち着く」「めんこい」と愛されている

雪の多い岩見沢で50年以上の建物。「元々は誰かがやっていたのをもらったみたい。昭和32年くらいかしらね」

五月湯

- 岩見沢市2条東3丁目7-6
- 0126-22-3740
- 13:00-20:00
- 月・水曜日 定休

函館本線「岩見沢」から歩11分

「釜が壊れて、辞めるかもしれないの」と、栄子さんは小声で言い、本書への掲載を辞退された。浴室が常連さんのおしゃべりで賑わう中、脱衣場には示し合わせたように私しかいなかった。

それでもあの熱い湯が忘れられず、翌年も再訪した。日差しが注ぐ浴室で、勢いよく注ぎこまれた湯が波紋を描き、キラキラ輝いていた。昼の表情にも魅了され、胸いっぱいになった時……「去年、来てくれた人でしょう?」と栄子さんが明るく声をかけてくれ、釜入れ替えのニュースを知らされた。

「岩見沢」という地名は、開拓時代、この地を流れる幾春別《いくしゅんべつ》川の岸にあった休泊所で浴《ゆあみ》をして疲れを癒した「浴澤《ゆあみさわ》」が由来といわれている。その街に残るたった1軒の公衆浴場。歴史の気配を感じる貴重な癒しの湯だ。

五月湯は「日光浴」の銭湯でもある。やわらかに注ぐ日差しは、
湯の熱さも水風呂の冷たさも中和してくれる。
熱い湯の隣が水風呂である点も気が利いている。
手前にはジャスミンの薬湯もあり、素朴で優しい香りが五月湯らしい(写真は女湯)

元気をいっぱいもらえるおもちゃ箱
公園湯

苫小牧市

環状線沿いにある公園湯は、寺社仏閣造りと三角屋根が混ざったキャッチーな外観で多くの苫小牧市民に知られている。電子看板はオヤジギャグを交えながら語りかけてくる。1ロール見たら5分もかかった

フロント前には大量の駄菓子のほか、新鮮野菜、ドリンク、公園湯オリジナル木札などが所せましと置かれ、いい意味で「わや」な感じがおもしろい

「最高でーす！」「昇天！」

ある日、銭湯友達の尾形明範さんがこう言った。
「疲れているやすこさんに、ゼヒ案内したい銭湯がある」

彼と、同じく銭湯友達のタカさんに同行して、入口で思わず笑ってしまった。
「体と脳に！」「最高でーす！」と電子看板の文字がピッカンピッカン躍ってる。一見何を言いたいかよくわからないけど……「最高ですね」そう笑う私に尾形さんはニンマリしていた。

浴室もテンション高めだ。炭酸泉では炭酸の細かな気泡がくすぐるように肌を包む。ふと横を見ると、「UFB技術の炭酸風呂はどうナノ？　最高ナノ～！」とポスターから店主が語りかけてくる。うん、最高ナノだ。注意書きだってこの日の薬湯の説明は「あわ風呂デー(癒の湯)お肌ピカピカ」。豪快すぎる泡！

1 ラムネの湯（炭酸風呂）の紹介「UFB技術の炭酸風呂はどうナノ？ 最高ナノ〜！」 2 水風呂にはなぜか「キレンジャク」の写真 3「長い髪の乙女たちへ」「できる女の目印よ」 4「からだ流して！おまた洗って！」 5 アイデアとユーモアに溢れる店主の郷野正明さん恵美子さん夫妻

7

8

6

オヤジギャクで書かれている。銭湯でこんなにニヤニヤしちゃうなんて。と思っていたら「こんばんは、公園湯へようこそ！」と、とびきり明るい館内アナウンスが響いた。

公園湯は1968年に郷野正明さんの先代が買い取り、2006年にリニューアル。少しずつ電子看板やポスターを増やしてきたそうだ。「ちょっとでも銭湯に関心もってもらうために、どうしたらいいかな？って思ったんです」と、郷野さんは少し照れくさそうだ。　湯上りはフロント前の賑やかさに足が止まった。たくさんの駄菓子、異様に多いマッサージ機と壁掛け時計。ソワソワする私たちの横で、小学生の男子たちが、駄菓子をテキパキ選ぶ。その慣れた背中はまさに「常連」だ。近くの緑ヶ丘公園に由来する屋号の公園湯。でも、ここ自体が公園のようだ。

公園湯

- 苫小牧市泉町1丁目2-10
- 0144-33-9454
- 14:00-21:00
- 月・火曜日 定休

道南バス「公園通」歩2分
室蘭本線「苫小牧」歩31分

6「常連さんから譲り受けるようになったら、どんどん増えちゃって」……店主も苦笑いする、尋常じゃない数のマッサージ機と掛け時計。別スペースにはレトロな寝式マッサージもある　7 北海道銭湯では珍しい唐破風的な屋根は、以前の建物にもあった造りで、その印象を残したかったそうだ　8 主浴槽はブラックシリカ（北海道産の天然鉱石）入り

第3章
道央の旅

国道沿いのお花畑 松の湯

苫小牧市

時代が変わっても「元気を」

苫小牧フェリーターミナルへとつながる国道235号線沿い。潮風と行き交う大型トラックが、暖簾を交互に躍らせる。

松の湯は戦争が間近に迫る1940年に、初代が前経営者から買い取った。現在は3代目の伊藤俊勝さん千恵子さん夫妻が営む。かつては多くの漁師が訪れ、裏手では花街も賑わっていた。だがそれらは姿を消し、松の湯も国道工事で立地を変えた。時代の変化に抗えない、と感じていた。

けれどもある日、湯を沸かす活力をもらえた出来事があった。2018年の胆振東部地震。被災地支援のために全国から支援団体が駆けつけた。見慣れぬ客に千恵子さんが声をかけると警察関係者で、入浴設備がない公共施設に寝泊まりしていた。そこで夫妻は警察関係者の無料招待を決め、のべ200人近くの疲れを癒した。「松の湯さんのおかげで、疲れが吹き飛んだ」「最高の風呂だった」などの言葉と笑顔。

「それはウチの集大成でした」と2人は微笑み、振り返る。

私も風呂へ……と脱衣場で服を脱いでいると、番台の千恵子さんが常連さんと私を繋いでくれて、話が盛り上がった。

震災救援の警察官らが元気をもらえたというのも深く頷ける。松の湯は、毎日が「集大成」だ。

「熱いでしょう?」常連のご婦人が声をかけてくれた。今は入浴剤を入れているが、昔に泉質検査を検討したほど評判の地下水を沸かしている

交通量の多い国道沿い。漁師町だった頃からの変化を見つめてきた

賑やかな脱衣場の床には、切り絵の花があちこち咲いている。「足元がかわいいと気分が明るくなるかな？と思って貼ったんです」（千恵子さん）

3代目の伊藤俊勝さん、千恵子さん

松の湯

- 苫小牧市浜町2丁目6-12
- 0144-72-4417
- 14:00-21:00
- 月曜日・火曜日 定休

道南バス「幸町1」歩2分
室蘭本線「苫小牧」歩25分

苫小牧フェリーターミナルからは3社のフェリーが八戸、大洗、仙台・名古屋へ発着する

サラブレッドの故郷で出会うタイル絵 恵比須湯

新ひだか町

湯気の中に浮かび上がる

線路は続くよどこまでも、とは言うけれど。線路を走る汽車はもういない、元ＪＲ静内駅舎。高速バスで来たのに駅舎に寄る目的は、廃線後も現役の駅そば「にしや」。汽笛もアナウンスもない待合室で蕎麦をすすり、恵比須湯の開店を待つ。

恵比須湯の屋根は緑色のフリルみたいで、可憐だ。番台で迎えてくれる店主・森敏子さんにとても

似合っていると思う。

「札幌から来た男性が、この景色を嫁に見せてやりたい、と言ってくれてね」と敏子さんが微笑んだ。

脱衣場のストーブが北国を感じさせる

恵比須湯の外観

静内の少し手前、新冠《にいかっぷ》のサラブレッド銀座。雪をかぶった日高山脈が彼方に聳える

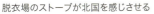

恵比須湯の脱衣場と、店主の森敏子さん。昔は映画のポスターだらけだったそうだ

浴室は充満した蒸気が、日に当たってキラキラ舞っている。蒸気をかき分けて進むと、色鮮やかなタイル絵と常連さんたちの姿が見えてきた。「ぬくいねぇ」と常連さんがうっとり言う。うん、私も大切な人に見せてあげたい景色だな。そんな穏やかな情景にも、痛ましく走るタイルの亀裂がある。

「このへん、地震が多いからねぇ」

1965年、結婚と同時に恵比須湯を手伝い始めた敏子さん。番台から浴室を眺めながら、ポツリとつぶやいた。

JR日高本線(鵡川ー様似間)復活の望みは、最終的に地震で絶たれた。人口も客足も減る一方だ。

「なくなったら困ると皆言ってくれるけど。それは私も同じ。皆が来てくれないとね」

そう敏子さんはゆっくり話す。

湯気が窓からの光に反射してキラキラ光る

男湯のタイル絵は札幌大通り公園。札幌の風景を題材にした銭湯アートは極めて珍しい。

女湯の絵のモチーフは不明だが、男湯が札幌ならば女湯は定山渓か?と勝手に思いを巡らせた

恵比須湯から徒歩3分の「ビヤレストラン赤ひげ」。レトロな建物でランプの灯りの下、
とんかつ、ステーキ、山賊焼、串焼きなどの肉料理を生ビールとともに味わえる人気店

恵比須湯

日高郡新ひだか町静内本町
1丁目2-31

0146-42-0620

14:00-20:00

金曜日 定休
(現在、敏子さんは怪我療養中、営業要確認)

函館の大正湯。1914（大正3）年創業。ピンク色の洋館は映画のロケ地にもなり、「日本一美しい銭湯」とも呼ばれた。2022年8月閉店

コラム

銭湯との別れ

本書の取材・執筆に時間を要すうち、たくさんの銭湯に別れを告げることになってしまった。

特に古の面影を残す、いわゆるレトロ銭湯は廃業が続いた。 北海道銭湯の象徴ともいえた函館・大正湯さん、 小樽・小町湯さん。地元民や銭湯好きから愛されたことはもちろん、建築物としての価値等も認められながら、継続に向けた挑戦もありながら、結果として暖簾を降ろされた。無力だ……とイチ銭湯ファンである自分を情けなく思った。

また、もっと多くの方に紹介したい！と思っていたとっておき銭湯、三笠市のきらく湯さん。炭鉱住宅横の景色、お湯、タイル、飾りの人形、すべて忘れられないけど、忘れものをわざわざ郵送してくれた女将さんのやさしさは絶対だ。

公衆浴場は全国と地域ごとの組合があるが、当時の釧路浴場組合代表・春の湯さん、旭川浴場組合代表・菊の湯さんが廃業された。それを知ったとき、寂しさと信じられない気持ちとが混じってこみ上げた。設備が充実して賑わいがあり、まさに地域を引っ張るボス的な銭湯でもあったから。その喪失感は他の各銭湯でも聞こえてきた。「あのお店がやめるなら、ウチもやめるしかないんじゃないか……」と。

けれど、新たな動きも生まれた。春の湯さんは晴の湯さんとして再オープン（128頁）。旭川の菊の湯さんも2024年9月に再オープンした（112頁）。いずれも志を持った外部の方による継業だ。

こうして書いていると、あの浴室、あの脱衣場……あの旦那さん女将さんが思い出され、胸が熱くなる。

1 小樽の小町湯。1882（明治15）年以前からの歴史があり、2021年10月の閉店まで「北海道最古の銭湯」として全国から入浴客を集めた　2 三笠のきらく湯。炭鉱住宅の中にポツンと残っていた。2023年9月閉店

第4章
道南の旅

古来、本州と北海道の交易の玄関口として
人々が往来した道南。
「100万ドルの夜景」の函館では
五稜郭や洋館、キリスト教会とともに
街なかの銭湯や熱い湯が湧く温泉も楽しめる。
ニシン漁で栄えた日本海側の江差にも
歴史ある銭湯が残っている。

湯の川温泉の函館市熱帯植物園では温泉に浸かるサルが見られる（冬季）

江差の歴史ある銭湯・松の湯（94頁）のさわやかな脱衣所

八雲町にあった銭湯をリノベした「Cafe & Lounge SENTO」

五稜郭のお膝元に再建された美湯 田家の湯

函館市

ゆったりとした浴槽。内側の段差でみんな思い思いの浸かり方をしている。
立っている人、半身浴の人、座っている人。そうして、おしゃべりが弾んでいる

1 モダンながら和風な造りは、五稜郭のお膝元にある銭湯らしい。函館の著名な建築家・二本柳慶一さんによる設計　2 のびのびとしたロビー空間

8年越しの「ワガママ」

私が幼い頃、我が家は函館が好きな一家で、父が札幌から6時間も運転してよく訪れた。なかでも「五稜郭」は桜の名所でもあり、桜を見に何度も来た。「空からだと、星形に見えるらしいよ」と母がいつも教えてくれた。今は五稜郭タワーに登ればそれを確認できる。けど、次に家族と来る日のために取っておこう。

　五稜郭から12分ほど歩くと、モダンで和風な佇まいの銭湯が姿を現す。ここへ来たのは、休業していた田家の湯が8年の時を経て全面リニューアルで復活したと聞いたから。なんだかいても立ってもいられなかった。

浴室に入ると、どっしり浴槽。やわらかな曲線に、白いモザイクタイルがギッシリ敷き詰められている。あ、浴槽の底までモザイクタイルだ。青、白、水色……混ざり合って海色にゆらぐ。道内でモザイクタイルが見られる銭湯は、かなり減ってしまった。そう思っていたら、半身浴をしている常連さんが「ジェットがここにあるよ」と話しかけてくれた。

「この造りは、親父が最初に造った銭湯と同じで」と店主の木村正裕さん。みんなで囲む大きな浴槽、タイル、中庭……全部木村さんの希望だ。

「いろんな人が隔てなく集って、皆でキレイになれて、心も軽くなれる

1 白く、明るい浴室

2 水風呂の吐出口。太った蛇口を逆さまにしたような形が可愛い

3 使い勝手の良いデザインもうれしい

場所なんて、他に無いでしょう?」

銭湯再建は木村さんにとって「60代での大投資」であり、親戚中に反対された。「私のワガママでつくった銭湯ですよ」と笑う。この銭湯愛を「ワガママ」と呼ぶなら、応援したいワガママだ。

6

5

4

7

4 木村正裕さん 5 脱衣場も気持ちのよい空間 6 昔、家族で花見に来た五稜郭公園の桜 7 フロントにいるのは女将の木村久美子さん 8 9 函館のソウルフード「ハセガワストアのやきとり弁当」を木村さんがご馳走してくれた。「やきとり」といっても北海道では豚肉も使う。容器に蓋を少しずらして被せ、串を抜き取って食べるのが通らしい(写真はベイエリア店。五稜郭店は田家の湯から徒歩10分)

8

9

田家の湯

- 函館市田家町5-11
- 0138-42-1126
- 14:00-23:00
- 水曜日 定休

第4章
道南の旅

湧き上がる函館の盟主的温泉 谷地頭《やちがしら》温泉

函館市

夜明け前にひとっぷろ！

谷地頭の朝は6時からはじまる。冬の寒空に月が残っている頃。開店と同時にたくさんの人が流れこんだ。朝からみんな気合入っているなぁ。

浴室に入ると、体育館ほど高い天井、池みたいに巨大な浴槽3つに圧倒される。湧き上がる温泉は、茶褐色で濁りが強く自分の脚もよく見えない。皮膚にまとわりつくような肌触りと、心地よい熱が伝わってくる。温泉に浸かっているというか、地中に飲み込まれそうな気さえする。

1 海に放り出されたかと思うほど冷たい水風呂。サウナと水風呂は谷地頭温泉の名脇役だ

2 函館山の麓にある谷地頭温泉の大きな外観

3 広々としたロビーではゆっくり休憩できる。夜明けに地元のコーヒー牛乳

鉄分を多く含むナトリウム塩化物泉のため、よくあたたまり、湯冷めしにくいと評判。
各浴槽は高温（43.5℃）、中温（41℃）、低温気泡（40℃）、露天風呂（42.5℃）と異なる温度で楽しめる

芯まであたたまったところで、露天風呂へ。ここの浴槽は五角の星型。そう、函館が誇る特別史跡五稜郭跡の形を模している。木製の縁取りに、太い木の柱が6本ドスンと据えられている。1998年のリニューアル時にできたものだが、ずっと昔からここにあったかのような風格だ。氷点下の外気が温泉を引き立てて、永遠に浸かっていられる。気付くと屋根の向こうの空が白んできた。

谷地頭温泉は1953年に函館市営で開業し2013年に民営化された。函館山の麓に湧く谷地頭温泉は明治時代からの温泉地で、かつては温泉旅館などもあったが、今はこの谷地頭温泉のみ。まさに谷地頭の、そして函館の顔だ。

ゴーーーン。温泉を出ると近所の寺の鐘が響いた。まだ7時。いい1日が始まりそうだ。

4 五稜郭の形の露天風呂。市電に乗れば、谷地頭駅から五稜郭公園前駅へ乗り換えなしで行ける

谷地頭温泉

- 函館市谷地頭町20−7
- 0138-22-8371
- 6:00-22:00（入館21:00まで）
- 毎月第2火曜日　定休

函館市電「谷地頭」5分

第4章
道南の旅

熱いだけじゃない 湯の川の洗礼 永寿湯温泉

函館市

眠気も一気に吹き飛んだ

　朝イチの飛行機で函館空港に着いた。そのすぐ近くに湯の川温泉街がある。湯の川温泉駅の足湯で、大あくびしながら感じる函館の風……まどろんでいたら、職場の携帯電話が鳴った。仕方なくお湯に足を浸けたままパソコンを開く。あぁ、なぜか旅先に限って。

　仕事のモヤモヤを抱えたまま、永寿湯温泉に向かった。ここは北海道で1、2を争う熱い湯。その証に、広い敷地内をぐるぐるとパイプが巡る。ぐるぐるしないと冷めないそうだ。

「ふーーーーっ。はーーーっ。うあぁーああぁ…あ、ああぁぁ」

　男湯から、すべてを物語る呼吸がこだました。

「こっちのほうが熱くないよ」と、常連さんが案内人になってくれる。でも、これで冷ましたの？　というほど熱く煮えたぎっている。もう一つの浴槽は「やめときな」と言われた。温泉を冷ますための浴槽で、人間が入るものじゃないと。

「永く寿」とご利益満載の屋号は、湯治場だった1923（大正12）年頃についた名前。現在の代表・長南武次さんは、2008年に永寿湯温泉を購入した。長い歴史と泉質を知るほど、惚れ込んだそうだ。

　帰り道にダラダラと出る汗。でも、肌はサラサラな気がする。それに……仕事のモヤモヤも消えていた。「熱いと言われるけど、それだけじゃないんだよ」と長南さんが話す意味を知った。

1

2

3

熱湯銭湯で共通して言えることは「常連さんに指南いただくが吉」。高温浴槽に入ろうとすれば、「大文夫、私も入れないから」とだいたい常連さんが教えてくれる

1 湯の川駅前にある足湯、あたたかなオアシス　2 源泉が熱すぎるので、隣敷地の隅から隅までぐるり配管を這わせて冷やす。それでも浴室で注がれる高温湯は50℃近い。永寿の湯の熱を感じずにはいられない　3 店主の長南武次さん

永寿湯温泉

- 函館市湯川町1丁目7-14
- 0138-57-0797
- 6:00-22:00
- 無休

市電「湯の川温泉」から歩8分

湯の川温泉街を抜けると、すぐに永寿湯温泉が現れる

第4章 道南の旅

激アツ温泉を「僧侶のポーズ」で 大盛湯

函館市

「ウチみたいな熱い温泉はね"僧侶のポーズ"をするといいんですよ」

以前訪れた際、大盛湯2代目・牧野康宏さんがマジメな顔で言っていた。そして両手を合わせ、ギュッと体を丸めて、「なーんてね!」とおどけていたっけ。

「やれるとこまでやる」

函館駅から函館市電「湯の川」行きに乗り、座って瞳を閉じた。あとは終点まで揺られ、そこから2分歩くだけ。

浴室に入るともうもうと蒸気が立ち込めており、神秘的な景色だ。深呼吸する。奥に進むと、黒々した岩に囲まれた浴槽が姿を現した。チョイと指先を浸すも…あっつ、熱!

浴槽は42度、45度、49度の3つ。まず42度から僧侶のポーズで浸かってみる。もっと熱く感じるけど……おっ!? 合わせる手に力を込めたら、熱さより心地よさが勝って

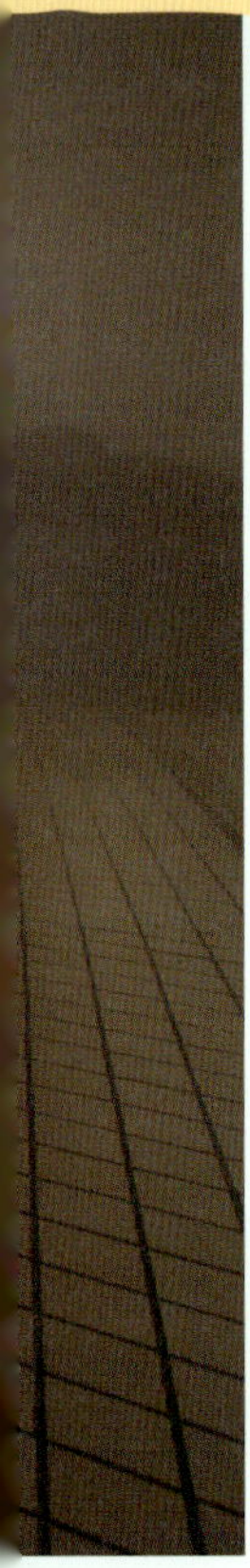

1 大盛湯の源泉は約1km離れた函館市熱帯植物園。12月〜5月は大盛湯と同じ源泉に浸かる猿に会うことができる。うっとり浸かるお猿さんを見ていると、自分を見ている気になる

2 牧野信子さんと、大盛湯の名入れタオル。康宏さんが生前に作りたいと話していたので、実現させたそう。お土産用に4本買い込んだ。大盛湯ファンは私の周りにも多いのだ

3 1991年に建て替える前の大盛湯

4 温泉成分が固まった部分を触る。加水なしの源泉の力を感じる

湯気の立ちこめる神秘的な空間。当初2つの浴槽をリニューアル時に3つにした。温度争いを減らすことも狙いの1つだったそう。「あついのが苦手な方は、こちらに←水を入れて入ってください」と書かれた札が置かれている

きた。

戦前からあった大盛湯は昭和50年代前半に康宏さんの父が譲り受けた。建て替えした1991年、康宏さんが2代目となり信子さんと結婚。30年以上夫婦2人で営んできたが、2024年5月に康宏さんは他界された。「旦那が亡くなっても“やれるところまでやる”という気持ちは、変わらないですよ」と3代目となった信子さんは話す。

湯上りは、汗がタラタラ止まらない。僧侶のポーズのおかげで、思ったより長湯になったのかも。

朝9時に暖簾がかかる

大盛湯

- 函館市湯川町2丁目18-23
- 0138-57-6205
- 9:00-12:00、15:00-21:00
- 水曜日 定休

市電「湯の川」から歩2分

4

ニシンで栄えた漁師町に あたたかな灯
松の湯
江差町

1 オレンジタイルを活かした鮮やかなデザイン 2 常連さんだけではなく、旅人にも気さくな下岡さん。女性客がいる際はカーテンをしっかり閉めるなど細かな配慮 3 湯口からザバザバと流れてくる湯は、肌当たりがよく、しっかりとあたたまる

町の盛衰を見守って

江戸時代初期に交易港に指定され、ニシン漁で繁栄した町、江差。長い歴史を有するが、小樽や函館ほどは紹介されない。その江差に1軒の銭湯が残ると知ったのは、函館滞在中。大事なものを見過ごしている……と思い、約2時間後には江差に降り立った。夜の街はひっそりし、バス停前の「五勝手屋本舗　江差町本店」と向かいの「松の湯」の2つだけ明るい。

「ゆっくり入っていってね」と番台の下岡昇さんは微笑むなり、サッと女湯前のカーテンをひいた。浴室から湯音が誘うように響く。ソッと戸を開けると、オレンジ色のM字が浴室の頂にドーンとお出迎え。到着した時は寂しく感じた街だったけど、ここは明るい生命力で溢れている！ あぁ、いい湯。

松の湯は１９４０年頃の創業。初代である昇さんの父は、昇さんが小学5年の時に他界して、母と昇さん兄弟の3人で切り盛りする状況に。道路拡張工事で建物移動を余儀なくされた時、母が他界した時、ボイラーが壊れた時……銭湯を続ける難しさは何度も味わってきた。それでも松の湯は江差に灯をともしている。

「母親ががんばって続けてきたから、できる限りやってみようと思って」

ニシン漁が盛んだった当時は湯沸かしが追いつかないほど客で溢れていたそうだが、人口減少とともに客足も減ってしまった。江差にこんなあたたかい銭湯があることを知れてよかった

バス停前、五勝手屋羊羹の紙袋をギュッと握る。松の湯の思い出と一緒に誰かに渡したい。

松の湯

- 檜山郡江差町本町104
- 0139-52-2413
- 13:30-19:00
- 月曜日 定休

函館バス「橋本町」から歩1分

北海道
とうきび
モナカ

ソフトカツゲン。「カツゲン」は「活力の給源」に由来するそう

コラム

北海道の湯あがりに欠かせないモノ

北海道の湯上りは、不思議と甘いものが恋しくなる。特に冬は、熱い湯に浸かり、あたたかい脱衣場でカチカチのアイスを食べる……それが湯上りの醍醐味だ。

実際に北海道は冬もアイスの売れ行きが高いことで知られ、室内のあたたかさが理由と言われている。本州の銭湯よりアイスクリーム庫はよく見かけるし、道内限定のアイスもある。

つい探してしまうのは「北海道とうきびモナカ」。ちょっと歯にくっつくモナカの中に、とうきび（とうもろこし）の味と香りのアイス。かじると、懐かしい夏休みの記憶がよみがえる。

1

ゴクゴクしたい時は、北海道限定の「コアップガラナ」、「カツゲン」。「コアップガラナ」はガラナの実でできたフルーティーな炭酸飲料。「カツゲン」は甘酸っぱい乳酸菌飲料。どっちもしっかりとした甘さだけど、飲んだ後にスキッと美味しい。昔はこれらが北海道限定と知らず、上京してから気付かされた。ローカルの良さって、近くじゃわからない。

2

最後は旅の強い味方、道内を中心に展開するコンビニ・セイコーマート。目をつけていた食堂は真っ暗、みたいに食いっぱぐれた時も。細長いトレイに入った148円～（税抜）の焼きそば、焼きうどんは、ソースがよく染みたしんなり感がたまらない。小銭で味わえる幸せ……銭湯に似てるかも。

3

1 株式会社小原の「コアップガラナ」はペットボトル・缶・瓶があり、瓶はレア（札幌市・美春湯にて） 2 セコマのトレイ入り麺類。焼きそば以外もいろいろ 3 道内で店数1位のコンビニ「セイコーマート（セコマ）」。暗い夜道にもポツリとある頼もしい存在

第５章
道北の旅

夏暑く、冬は極寒となる旭川には
厳しい自然環境と向き合う人々の
癒やしの場として愛されてきた
銭湯が点在する。
広大な原野を擁する日本最北端の
宗谷エリアにも
あたたかい湯が沸かされており
その出会いの喜びはひとしおだ。

旭川・いこい湯にて（110頁）。ジェットやバイブラの流れも美しい

上富良野でヴィヒタ（サウナ等で使う、白樺の枝を束ねたもの）をつくる職人、ますぞーさん

鹿出没で頻繁に汽笛が鳴る宗谷本線。絶景（114頁）

オトンルイ風力発電所にて（100頁）

サロベツ原野のとろけそうな薬湯

幌延町公衆浴場 憩の湯 幌延町

（幌延町老人福祉センター）

地球で迷子になったあと

サロベツ原野を自転車で走り抜けて約3時間半。いよいよ湯に浸かる時がやってきた。生薬の入った湯は大自然の余韻のごとく強く香る。

憩の湯は幌延駅から徒歩6分なのに、ずいぶん寄り道をしてしまった。ここへたどり着く前、私はオロロンラインの終着地・オトンルイ風力発電所を目指して自転車をこいだ。昔、苫小牧行フェリーで逢ったライダーの姉さんが

1

2

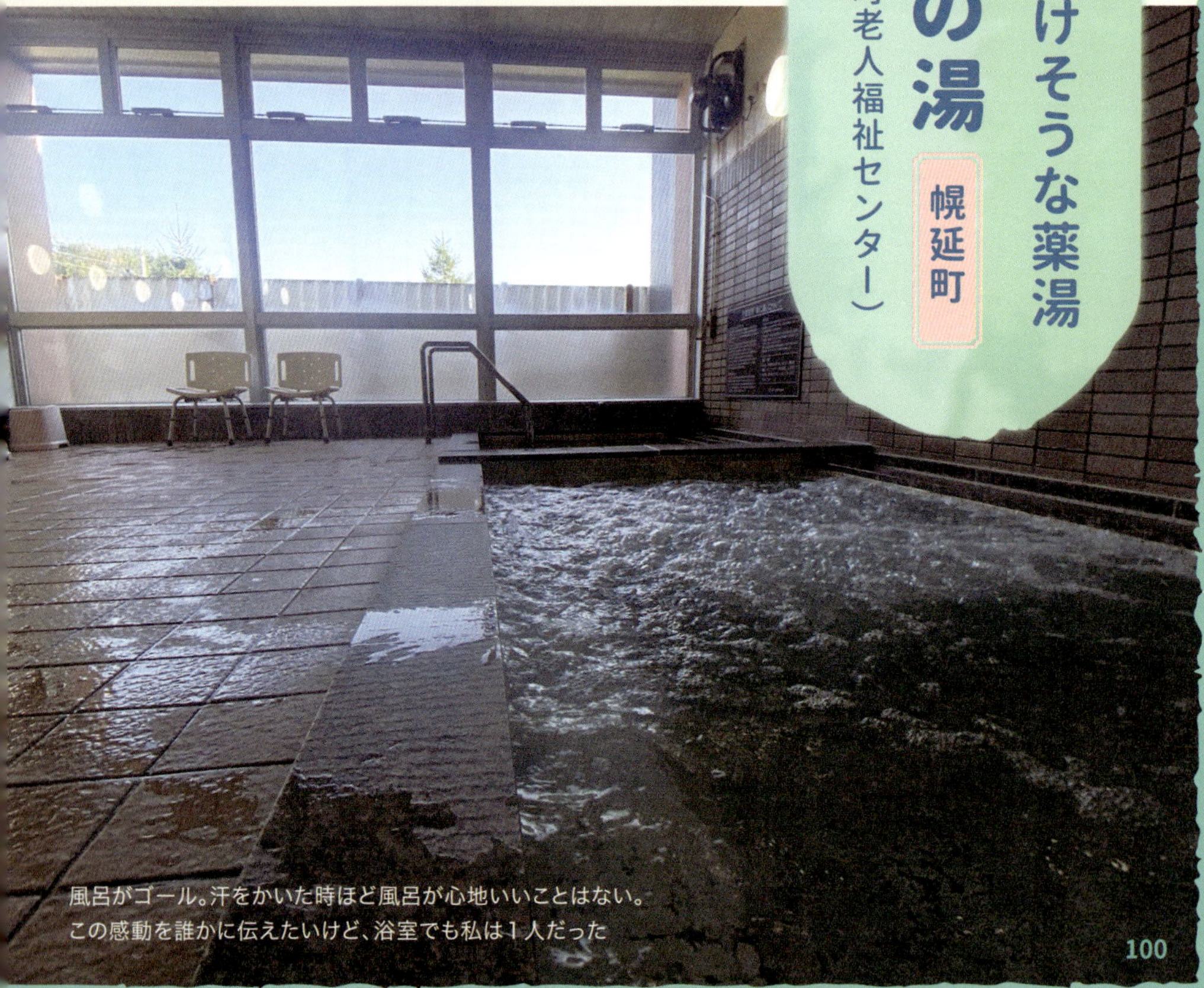

風呂がゴール。汗をかいた時ほど風呂が心地いいことはない。
この感動を誰かに伝えたいけど、浴室でも私は1人だった

「全ライダーが憧れる景色」と目を輝かせていたこの地。亡き父と行く約束をしてたけど、無免許の私一人じゃ行けっこないと諦めていた。でも幌延駅のレンタサイクルが私の心に火をつけた。

道中は、どこまでもどこまでも原野が続く。すれ違う車も数台で、この世の景色ではないように感じられた。そこを自ら進む嬉しさ半面、一人置き去りにされたような寂しさも湧いてくる。

オロロンライン合流地点で、やっと二人のサイクリストの姿が見えた。

「あいづ(食堂)にいた姉ちゃんだね？ よくここまで来たね！」

悠々と回る風力発電が果てしなく並び、その下をライダーが颯爽と駆け抜ける。ブゥンーーーン！ そう、これが見たかった景色！

浴室の窓から、ついさっきまで抱かれていた青空がちょいと覗く。あぁ、すべての道は風呂に通ず。

幌延町公衆浴場
憩の湯
(幌延町老人福祉センター)

- 天塩郡幌延町宮園町1-8
- 01632-5-1417
- 13:00-20:00
- 水曜日 定休

宗谷本線「幌延」から歩6分

1 外観。老人福祉センターと同居している
2 サロベツ原野を走るサイクリストたち
3 名物の仁丹の湯。とにかく濃かったのと、自分が高揚していたこともあってか、サロベツ原野の香りのように感じた
4 幌延に停車する特急「サロベツ」
5 幌延町産ミズナラの木樽で貯蔵した純米酒「幌延」、駅のPRセンターで買ってライダーハウスで飲んだ

北の大地に生きる 郷愁銭湯 こがね湯

旭川市

こがね湯を応援する人たち

「最後の1つ、奥野さんにあげる」と、茂田茂春さんが番台からドロップ缶をソッと取り出した。“こがね湯63周年”とプリントが入っている。常連さんが周年のお祝いをしたいと作ってくれたそうだ。

茂田さんは1989(平成元)年にこがね湯を前経営者から買い取った。「儲かるから」と言って周囲の反対を押し切ったが、何より銭湯が好きだった。3年前には入院で休業を余儀なくされたが、

1

1 レトロな扇風機

2 1961(昭和36)年の創業時から変わらぬたたずまい。かわいいさくら色だけど貫禄を感じる(正面は6頁)

常連さんのため、なにがなんでも再開すると決めていた。

「2度目の意地だよ。儲からないけどね」

再び家族に反対されたが、こがね湯を手伝いたいという人が不思議と集まってきた。除雪、掃除、SNSの発信……。

「みんなのおかげでね、どうにか続けることができて」

2

黒が映える浴室のタイル使い。湯船が二つと熱気浴（スチームサウナ）、骨身にしみるほど冷たい水風呂がある

私が初めて訪れたときは「一人でやれるとこまでがんばるさ」と話していたっけ。茂田さんの熱い信念が人を呼び、また人をあたためるんだ。

「姫」と書かれた暖簾をくぐる。いつもの脱衣場だけど、こがね湯が紹介された新聞が額に飾られ、「湯上りノート」と書かれたノートが置かれている。「友だちとまた来ます」という走り書きも見かけた。

浴室で髪の毛を丁寧に洗っていた女子高生たちに「ここのお湯は好き?」と聞くと、「つやつやになる気がして」と笑っていた。浴槽から改めて眺めるタイルも、つやめいている。自作で掃除ブラシをつくるほど掃除にこだわってきた茂田さん。手伝う皆も同じ気持ちで磨いていることが、ひしひしと伝わってきた。

あぁ、こがね湯がもっともっと輝いている。

丁寧に使い続けられているレトロな備品がたくさん。壁に埋まった木製ロッカー、「殿」「姫」の暖簾は特に味わい深い

「熱いけどピリピリしないのよ」と脱衣場で常連さんから聞いたせいか、余計にそう感じられる

1

2

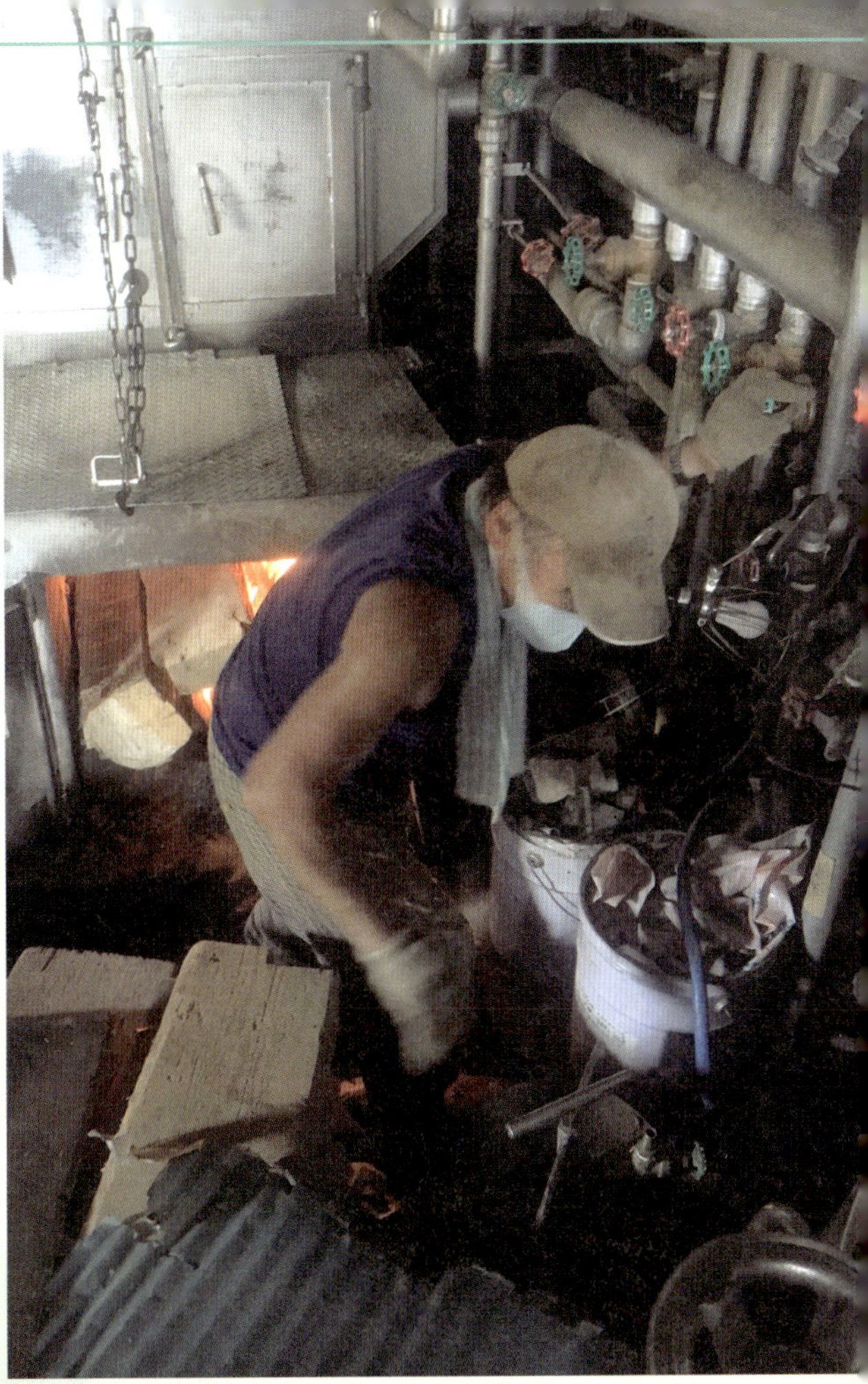

薪沸かしは重労働だが、「意地でどうにかなるところまで、やる」

1 建物の横に山と積まれた燃料の薪

2 休業から復帰を遂げた茂田さん。常連さんはもちろん、旅人からの信頼も厚い。手には63周年記念のドロップ缶

3 フロント前に置かれた動かない券売機。買おうとすると、茂田さんから声がかかる

3

こがね湯

旭川市春光5条5丁目3-3

0166-53-2625

15:00-21:30

火曜日 定休

パワーあふれる北の銭湯サウナ
フタバ湯
旭川市

手前から、釜風呂（ざばーーっと湯が溢れる贅沢さ）、中温風呂（高低段差があり半身浴もできる）、人工温泉・炭酸カルシウム温泉（心地よく発汗）、水風呂（地下150mからくみ上げた地下水）と、温度も効能も異なる湯を満喫できるのも魅力。浴室壁面にはタイル絵（男湯・富士山、女湯・鯉）が据えられ、とても美しい（5頁）

常連客が銭湯経営者に

どんと大きく構えるややぬるめの湯、つるりと心地いい釜風呂に高温の湯。キンキンの水風呂。あれこれ浸かるうち、気がつくと旅の疲れはすっかりほぐれていた。

「でっかい風呂への憧れ、昔からあったんだよ」

店主の加地《かち》経郎《つねお》さんは、かつては車関連の会社を営んで全国を巡っており、銭湯に寄ることが娯楽だった。そんなときにフタバ湯の廃業を聞き、常連客から銭湯経営者への転身を2005年に決断。設備の故障が相次いだが、修繕するたび常連さんが喜んでくれることに手応えを感じた。

「せっかくなら思い切っていい風呂をつくろう」

10年目にして建て替えた浴室には、加地さんの風呂愛がぎゅっと詰まっている。2020年以降はコロナ禍による客の減少を逆手にとって、サウナ設備に磨きをかけた。加地さんの案内で男湯から「ととのい小屋」の戸を開け、透き通った旭川の外気を感じながら「水風呂小屋」に進む。サウナの名物は男女ともに「ほうじ茶ロウリュ」。ジンギスカン鍋にヒントを得た形の受け皿に、そっと茶を注ぐ。香ばしさが蒸気とともに肌を包む。あぁこんなやさしいサウナなら、私のおばあちゃんも気に入ってくれるかも。

「常連さん達が“こんなサウナがいいな”と、いろいろ教えてくれてね」

フタバ湯はお客とともに進化する銭湯なんだなぁ。

1

2

フタバ湯

旭川市春光7条5丁目2-22
0166-53-4055
15:00-21:30
月曜日 定休

道北バス「春光6条4丁目」から歩3分

1 増築した「山小屋風サウナ」は男湯側だけだが、木曜日は「浴室入れ替え日」で女性も利用できる　2 店主の加地経郎さん。妻の信子さんとフタバ湯を営む。フロント横のドアには、全国の銭湯やスパのステッカーがたくさん貼られている。加地さんと銭湯サウナ談義をしたくて、全道・全国から人が集まっている証だ。「銭湯経営を1から教えてくれた人」として、すでに廃業された銭湯の店主の名を挙げた

雪色に包まれて身を沈める
金栄湯
旭川市

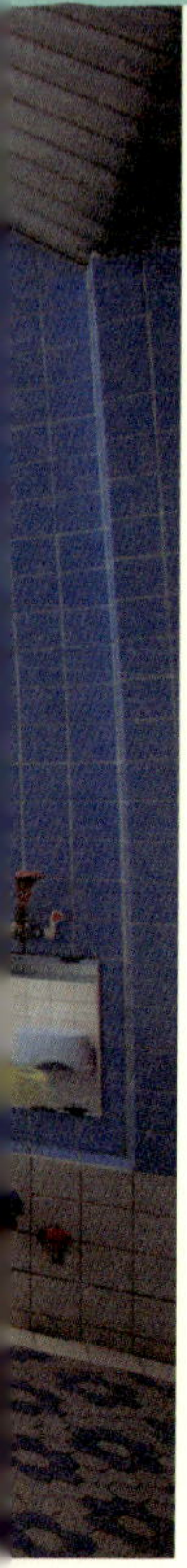

日本一のフライング営業

「雪の色……」

水色の浴室に入って、思わずつぶやきそうになった。雪国の方ならおわかりいただけるだろうか、光の加減で雪は水色に見える。その水色に覆われた浴室は、旭川そのもの。だって、大雪山麓の旭川は雪の結晶が最も美しくできると言われる地。職場の上司が所望した旭川銘菓「き花」も水色の箱だ。女将の桜庭孝子さんにそう話したら「ありがたい話だねぇ」と感心してくださった。

そんな雪色の浴室は、熱くて冷たい。ウニみたいに黒々としたブラックシリカが潜む、期待通りの熱い湯。そして、女将さんが「冷たすぎないくらいがちょうどいい」と言う水風呂。でも刺すように冷たい！　ゼロ度切っている？　それでもカラン前で休憩すると穏やかな心地よさが訪れた。

金栄湯は公には13時開店だが、常連さんの熱い要望で朝8時頃から開けている。ん、5時間前？　日本一のフライング営業ではないか！

「みんな、自分の家と思っているのよ」と笑う女将さん。番台でおにぎりを食べ、休日は腰痛の病院に出向く。それもこれも番台に座るため。その姿には、約60年のあいだ湯を守りながら子育てをしてきた3代目の威厳を感じた。

3つ並ぶ三角屋根が可愛らしい。両サイドのせり出した箇所はお手洗い

脱衣場の木製ロッカーも、浴室の床も壁も、すべて水色。アイスクリーム冷凍庫の青さえも示し合わせたよう。水色は工務店に勧められて決めたそうだ

金栄湯

- 旭川市1条通
  2丁目右4号
- 0166-22-3766
- 13:00-21:00
- 木曜日 定休

函館本線「旭川」から
歩14分

1 道内では稀少となった番台式。桜庭さんとのおしゃべりを楽しみに来る常連さんも多い
2 入口横の水風呂は小さいが深い
3 4 旭川ラーメンと言えば「醤油」。そのルーツともいえる老舗醤油メーカー「日本醤油工業」は金栄湯から徒歩3分。明治期の姿を残す蔵（直売所）で多種多用な醤油や醤油スイーツが購入でき、歴史に関する展示もある。醤油ミルクのアイスキャンディは甘じょっぱくてコクがあり、湯上りに染みわたる

めくるめく ノスタルジック・ギャラリー いこい湯

旭川市

思わず立ちすくんだ

!?……古めかしい大鏡に映る自分が、タイムスリップしてきた人みたいで思わず立ちすくんだ。レトロな広告看板、使い込まれた木製ロッカー、籐のカゴ。どれもツヤがあって、看板なんて最近取り付けたばかりに見える。この景色、きっとどこかで探してた。

「熱気サウナ」の戸を開けると、モザイクタイルが蒸気の中から幻みたいに姿を現す。絵柄は層雲峡(銀河・流星の滝)にたたずむ2人の女性。“遠くの温泉より近くの

2

1

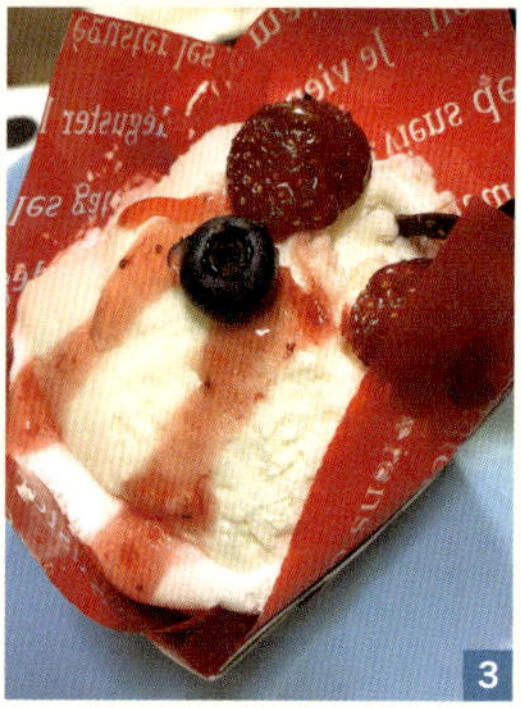

3

いこい湯

- 旭川市5条通24丁目
- 0166-32-9548
- 14:00-21:30
- 月曜日　定休

宗谷本線「旭川四条」から歩15分

1 サウナ室のモザイクタイル。元は浴室の壁面にあったタイル絵だが、増設によりサウナ室内からのみ眺めることに。女湯は層雲峡、男湯のタイル絵は場所が不明だが、北海道に多い白樺の木々が印象的。「どんな絵ならお客様が喜んでくれるか」と家族会議で決定したそう 2 ゲルマニウム温浴のジェット風呂・バイブラ、薬湯、熱気サウナ、水風呂と種類も豊富。ゲルマニウム温浴の湯は体が芯から温まると評判だ 3 脱衣場の広告看板で見つけた「きく屋」に行ってケーキを買った

銭湯”と言うけど、旭川からほど近い温泉地を眺めていたら「今年中に温泉でも行きたいねぇ」と誰かに言ってみたくなる。心も蒸気に包まれたみたい。

浴室は幻想的なサウナ室と打って変わって、磨かれた浴槽・床のタイルがまぶしい。しかもいろいろな浴槽が総動員で体をほぐしてくれる。

レトロな脱衣場、幻想的なサウナ室、まぶしい浴室……このめくるめく空間を守るのは、佐渡さん親子とお孫さんの3世代。1964年築の建物を1983年に改築した。その際に広告看板をなくすか迷ったが「街の名店の広告が並ぶことは励みになる」と、広告も、それを支える鏡もしっかり残した。街と共に生きてきたいこい湯。牛乳を飲み干し、広告看板に導かれるまま「きく屋のお菓子」に向かった。

いこい湯の2代目・佐渡セツ子さん（右）と3代目の佐渡政一さん

籐籠と木製ロッカー

旭川の夜に浮かび上がる外観

広告看板、モスグリーンのシーリングファンなどノスタルジーに浸れる空間。旭川は湿気が少ないので看板などの保存状態が優れている、との説もある

菊の湯

旭川銭湯に新しい風

旭川市

フロントでレコードをかける店長の川口遥斗さん

壁絵のなかった男湯は、ペンキ絵師・山本奈々子さんが描いた富士山が青々と映える。

京都から旭川へ

旭川・菊の湯が59年の歴史に幕をおろしたのは2023年のこと。そこが約1年半のブランクを経て、復活を遂げた。玄関の下足箱にはポップなイラストが描かれ、フロントではレコードの音が響く。

新生・菊の湯は京都から銭湯文化を発信する「FROCLUB」代表MICHIさんがオーナー。銭湯経営を志す中、廃業した菊の湯に縁があり、現地でほれ込んだ。

復活にあたり、旭川で生まれ育ち、お風呂サウナ愛が強い川口遥斗《はると》さんが店長に抜擢された。使ったことのない工具を使い、タンクのサビを落とし、煙突の煤を取り…積み上がる作業と並行し、何度も保健所へ足を運んだ。「早くお湯を沸かしたいという一心でした」と振り返る。

そんな汗の結晶である浴室へ。主浴槽は段々に重なり、上段から下段に湯がザバザバと流れ、揺らぎが身を包む。横の壁面を彩るのはモザイクタイル絵。絵本から飛び出したようなヒマワリやお家の絵柄は、昔と変わらない。サウナ室では新たにお目見えしたセルフロウリュを試す。ジュワーーーッ。齢40の建物と共に新しく歩み出した菊の湯。あぁ、心地いい。

今後やってみたいことを川口さんに聞くと「駐車場で縁日をしたい」等次々と話してくれた。新しい菊の湯の物語はまだ始まったばかりだ。

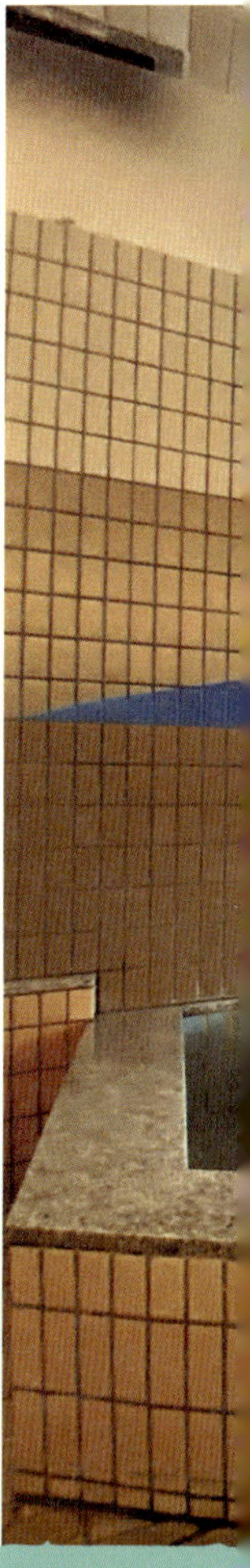

1 広々としたロビー。「FROCLUB」がアパレル展開しているだけあって、オリジナルグッズも充実。長袖やトレーナー等もあって寒い旭川の湯上りもばっちり

2 暖簾をあげる川口さん

3 女湯には以前から変わらないモザイクタイル画

菊の湯

旭川市神楽5条14丁目
2-17 レジデンス菊1F
090-8537-1137
14:00-0:00
(日曜は9:00-0:00)
無休

富良野線「神楽岡」2分

コラム

宗谷本線

風呂上がり、ポカポカの気持ちで列車を待つ。待つ。待つ。でも、定刻になっても豊富駅に列車が来ない。検索しても情報がない。コールセンターはすでに終わっている。こういう時、都会の人はSNSに投稿するだろうな。でもそんな気にもならず、茫然としながら、列車がいつか来ると信じていた。でも駅舎は肌寒くて、到着時は可愛く見えた待合室の座布団たちが、非現実的な鮮やかさだ。

待てど暮らせど、列車は来ない。人は誰もいない。このままだとみどり湯のミーティング（18頁）に間に合わない、というか帰れない……と泣きそうになる。仕方なく、豊富駅の宿へ電話を入れようとした。

と、その時……枕木が振動する音が遠く聞こえた。カタン。ガタン。ガタン。待合室から反対ホームまで、全速力で走り抜けた。

下車する時に知ったが、どうやら1時間の遅延だったそうだ。思わずほっぺを膨らませた時、駅舎のポスターが目に入る。

「今日も頑張れ　宗谷本線」

風雪や動物に立ち向かう列車のイラストが描かれている。

ごめんよ、宗谷本線。私はわがままだった。みどり湯に帰れただけで、ありがたいものだね。それに……本来ならせっかく豊富町まで来て宿泊しないなんて、もったいない話だろう。せかせかした旅をする私に「ゆっくり、こつこつ行こうぜ」と宗谷本線が言っているような気がした。

デザイン：合同会社memo'tock

第6章
道東の旅

広大な十勝平野が広がる帯広には
茶色くてまろやかなモール泉が湧く温泉銭湯があちこちに。
夏はガス（濃い海霧）に閉ざされる釧路・根室地方では
みんなで集える場として街の銭湯が長く愛され続けている。
極上の食とともに
味わいたい。

冬には氷が張る釧路川の河口。幣舞《ぬさまい》橋から望む

釧路和商市場。お好みの海鮮をバラで選ぶ「勝手丼」が人気

厚岸・喜楽湯（136頁）のカランまわり。むき出しの配管もかっこいい

釧路湿原を走る釧網線の車窓から

裏山の森に抱かれて
モール泉を味わい尽くす
天然の湯 自由ヶ丘温泉

帯広市

1

2

3

絶景のモール温泉銭湯

　赤、黄色、緑……浴槽から見える裏山は色がひしめき合っている。そして、私が浸かるモール泉は日差しを浴び、宝石みたいにきらめく。絶景の温泉銭湯、自由ヶ丘温泉。

　自然を愛した先代が、創業1986年から植樹をコツコツ続け、草原から林にまで育てあげた裏山。「モール泉（泥炭層を通過して湧出する温泉）のお陰で皆さんを癒せているので、自然を大切にしたくて」と、2・3代目の親子（女将の鳥谷純子さん・伊織さん）は頷きあう。

　そのことを思い出すと、ただでさえトロトロなモール泉はもっと気持ちよく感じられる。体を洗っていると、おや、私の視界にリスが飛び込んできた！見慣れない鳥も！……と、気付けばしばらく外

浴室から眺める裏山の紅葉。ときおりリスや小鳥などの野生動物が現れる

5

1（右から）鳥谷純子さん、本間さん、伊織さん
2 大きくて立派な外観
3 うたせ湯。館内はどこもピカピカに磨かれている
4 併設のラーメン店「ロッキー」のラーメン。北海道らしいちぢれ麺にコク深いスープがからまる
5 浴場の隣にあるログハウスのラーメン店「ロッキー」
6 浴槽や洗い場のカラン・シャワーからもすべてモール泉が出てくる

4

の景色に釘付けだった。

湯上りのお目当ては、休憩スペースの奥から漂ういいにおい。隣接するラーメン屋「ロッキー」の暖簾をくぐる。ログハウスでラーメンを食べるなんて、初めて。さっき眺めた裏山とピッタリな雰囲気にテンションがあがる。タオルを首に巻いたままの親子と並び、夢中になって食べた。

帰り際にフロントへ寄ると「漬物持入禁止！フロントでお預かり致します。（脱衣場、ロッカー内はにおいがこもります）」という貼り紙が目にとまった。たしかにうちのばあちゃんも、友達と漬物交換していたなぁ。ただ禁じるのではなく、預かるという優しさでの解決。他にも「浴室用の杖お貸しします」という貼り紙も。細やかだなぁ。モール泉でとろけた心がさらにほんわかした。

天然の湯
自由ヶ丘温泉

- 帯広市自由が丘4丁目4-19
- 0155-35-1126
- 10:30～24:00
- 無休

6

あふれる温泉 ローマ・ジャパンへようこそ ローマの泉 ローマノ福の湯

帯広市

ローマの魔法で恋に落ちた

午前中に来たっていうのに、外に出るとすっかり日が暮れていた。時忘れの湯、ローマの泉。

創業した1970年代当時の佇まいが残るノスタルジックな空間には、公衆浴場、家族風呂、食堂の3つがある。

まずは公衆浴場へ。浴室に一歩踏み入れた途端、つま先にぬくもりが触れた。あふれ出るモール泉が浴室入口まで到達しているのだ。浴槽は、かけ流しの源泉がシルクのように輝く。まさに、泉。しかも肌にまとわりつくほどトロトロ。

じっくり浸かった後、「大衆食堂」の暖簾をくぐると、佐藤ハルさんが笑顔で迎えてくれる。昔風・醤油ラーメンは、あっさりしているのにコクのあるスープだ。ハルさんは以前に浴室清掃を担当されてい

たと聞き、どうりで湯上りにしみるおいしさだと納得した。

「もっと浸かりたい!」と、私を強欲にさせるここのモール泉。迷わず温泉付個室サウナへ。個室とあなどることなかれ。サウナは100度近く、水風呂はキン冷え、ヴィーナスの飾られた浴槽に溢れるモール泉。あぁ、すっかり恋に落ちた。帯広のローマで。

1976年に沸かし湯の家族風呂を買い取った4年後のこと。

「先代は温泉好きで。いちかばちかで掘ったようです」

と店主・佐藤栄治さんが教えてくださった。湧出量が豊富なため翌年に公衆浴場もオープン。浴文化を広げた古代ローマにあやかって「ローマの泉」と名付けた。

その想いの通り、帯広の公衆浴場は今やすべてが温泉銭湯となったのだ。

「暗くなって外は冷えてきているよ」とスタッフさんが心配してくれる。その言葉がうれしくて、売店で冬物靴下、あたたかいレギンス、毛糸帽子を購入。温泉のぬくもりと購入した防寒アイテムで、私はすっかり無敵だ

1

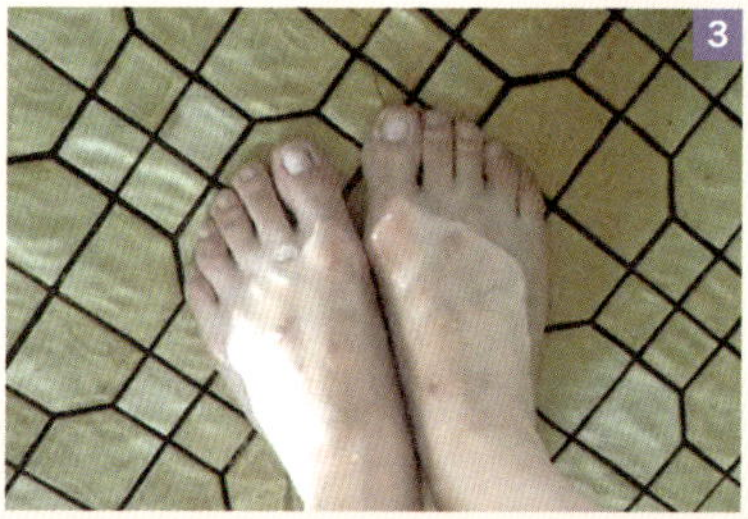

3

2

4

1 温泉付個室サウナ。夢心地の空間を、曲線美の浴槽とビーナス像が彩る。温泉付個室サウナ3部屋＆家族風呂11部屋

2 いろいろなグッズがぎっしりと並ぶロビーの売店コーナー。見ているだけでも楽しい

3 浴室は、湯船からオーバーフローしたモール泉が常に足を洗う状態

4 闇夜に浮かび上がる「ベルばら」ふうの屋号のフォント

湯船から溢れかえるモール泉。十勝の雄大な大地の力を感じる

「大衆食堂」の暖簾がひるがえる

「昔風・醤油ラーメン」スープは、豚骨や野菜を6時間以上煮込んだこだわりの逸品

佐藤ハルさんは浴室掃除から食堂へ異動となり、50代で調理師免許を取得したそうだ

ローマの泉
ローマノ福の湯

- 帯広市東9条南12丁目4-7
- 0155-25-5202(ローマの泉)
- ローマの泉／11:00-23:00
  ローマノ福の湯／11:00-22:00
- 第2水曜日 定休

第6章
道東の旅

ひたひたと溢れる極上温泉 白樺温泉

帯広市

競馬場で冷え切った体を

「シャンシャンシャン……」

ばん馬が力いっぱいソリを曳き、鎖音を立てる「ばんえい競馬」。

「一生に一度は観ておいたほうがいいよ」と、ある銭湯の女将さんの話を思い出し、フラッと寄った帯広競馬場。予想外に圧倒されながら、「ウチの先祖は、馬と一緒に開拓したんだ」と父が言っていたのを思いだす。いつしか釘付けとなり、予定より多くのレースを観戦していた。体はすっかり冷え冷えだ。

競馬場から白樺温泉は自転車で6分ほど。浴室は、淡いうぐいす色の湯がめいっぱい広がっていた。飛び込みたくなるほど、湯はたおやかに誘ってくる。これ全部温泉？　落ち着け、まず体を洗おう……とカランの湯に触れたとたん、それも温泉と気づいた。なめらかな温泉がジャバジャバ出てくる。そしてさまざまな形状の浴槽にさまざまな温度の湯が湛えられている。さぁ味わい尽くせと言わんばかりだ。夢中になって浸かりながら冷泉までたどり着いた

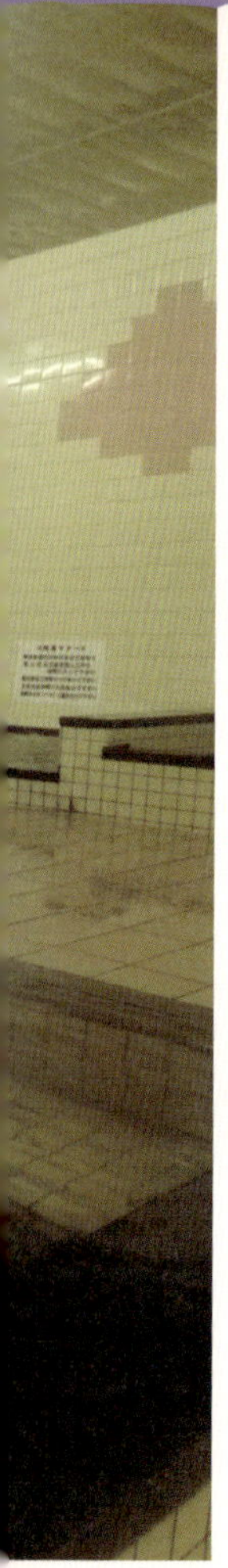

1

2

3

隅々まで明るい浴室、段差のない浴槽、サイズの豊富な桶と椅子、随所にある手すり……誰もが気持ちよくなれる心意気が散りばめられている

時、体が芯から温まっていることと肌のシットリさに気付いた。

　代表の安達幹さんは地元の建設会社・安達建設を経営。白樺温泉はその会社が建築・運営まで手掛ける温泉だ。自ら拓き営む……ばん馬も然り、北海道開拓の原風景は帯広にあったんだ。

1 足もとにオーバーフローしているかけ流しの源泉

2 タタミ敷きの休憩スペース

3 地を削るかのようにソリを曳くばん馬のダイナミックさは、北海道開拓の歴史そのもの。世界で唯一、大型馬がソリを曳き力と速さを競う競技だ

白樺温泉

- 帯広市白樺16条西12丁目6
- 0155-36-2821
- 10:00-23:00
- 無休（1/2・3は定休）

十勝バス「西16条4丁目」歩4分
根室本線「柏林台」歩29分

第6章
道東の旅

熱い決意でよみがえった晴《はる》の湯

釧路市

鳥肌が立った

2020年春に廃業した春の湯は、同年12月に「晴の湯」として復活オープンした。手掛けたのは、地元釧路でコールセンター会社等を運営する小向秀明さん。再オープンの日。涙ながら「ありがとう」と言ってくるお客さん。「また会えるね」と笑い合う常連さんどうし。

「銭湯って、想像以上にあたたかい！」

小向さんはそう思い、鳥肌が立ったと言う。

「響きだけは残したい、って思ったんです」

読みはそのままに、息子さんの名前の一文字「晴」を新たな屋号に取り入れたと聞いて、私は胸が熱くなった。春の湯の廃業前に大旦那から「釧路で銭湯やりたい人、いないかな？」とメールをもらったものの、それには応えられなかったこと。その後、春の湯さんを含め8軒の銭湯が釧路地区で暖簾を下ろしたこと。それらを思い出したのだ。

銭湯やサウナ好きではあったが「まさか自分がすると思っていな

晴の湯の浴室

かった」と話す小向さん。ある日の銭湯の帰り道、ふとひらめいた。

「銭湯を営むっていいな」――そうして不動産屋等を巡り、廃業した春の湯にたどり着く。カランも濾過器も外され解体を待つのみだったが、ボイラーや配管設備はまだ生きていた。

「もったいない！ ここで銭湯をやろう。一刻も早く」

ひらめきは決意に変わり、ここを地域の人が集える場にしたいという想いが沸いてきた。それから約10か月後、晴の湯はオープンした。

私は初めての晴の湯に入った。太陽の晴れマークが可愛いフロントを抜け、浴室へ。ペタペタする足音に目をやると……ちいちゃな女の子がヨチヨチ歩いてくる。後ろを追いかけるのは、おばあちゃん。天窓からの変わらない日差しに、やわらかな湯。あぁ、これが晴の湯なんだね。

「銭湯を営むことは、もしかして自分の“使命”だったのかなって」と微笑んだ小向さんを思い出した。

1 店主の小向秀明さん（右）と東狐文子さんが笑顔で迎えてくれた。小向さんは地元の青年会議所の理事もつとめ、地域活性に熱い情熱を注ぐ
2 「春の湯」時代、若旦那に連れて行ってもらった弁天ヶ浜の旧米町踏切。現在、線路は剥がされたがモニュメントとして踏切が残されている
3 晴の湯オリジナルデザイン暖簾（椅子にかけて撮影）

晴の湯

- 釧路市武佐2丁目28-6
- 0154-65-5095
- 12:00-23:00
- 無休

根室本線「武佐」歩23分
くしろバス「第一若草団地」2分

釧路市街東部の新興住宅地にある

タンチョウの街の湯に鶴が舞いあがる 鶴の湯

釧路市

入稿直前に今年3月末での廃業が決まりましたが、貴重な記録としてそのまま掲載します。

1

1 脱衣場に入るためには橋を渡る。夢の世界のはじまりのよう

2 宮崎恭さんと故・母秀子さん。初代が亡き後は、2人で鶴の湯を守っていた

幻のような鶴の世界

たんちょう釧路空港から緑の原生林を抜け、ロードサイド店が賑わうところでバスを降りる。数分歩くと……鶴の形をした銭湯・鶴の湯だ。道東は、日本で唯一のタンチョウ生息地。空港名はじめ、街には鶴の名やモチーフが飛び交っている。でも銭湯まで鶴の形をしているとは、さすがに驚かされる。

浴室ではまず壁面に目を奪われる。ここにも鶴！ 列をなして、悠々と飛んでいる。下に広がるの

浴室壁面を覆うタイル絵。奥行きのある摩周湖の景色、鶴の羽の動きまで細やかに描かれている

2

は摩周湖だ。そしてそれとつながるかのように湖みたいな曲線を描く浴槽。お湯から漂ってくる「ふくじゅこう」の香りにホッとする。

「いろいろな薬湯を試したけど今はこれ一筋です」と2代目店主の宮崎恭さんが教えてくれた。「母も、ふくじゅこうが好きでした」——恭さんの母・秀子さんは2022年に他界された。

さらに浴室を奥へ進むと浅い浴槽が広がり、横壁から巨木がにょっきり生えている。そのシル

写真では湯気がいっぱいで少しわかりにくいが、左手から、タイル絵を仰ぐ浴槽群、十数人は収容できるフィンランドサウナ、巨木のある浅湯、と並ぶ。写真枠に写っていない左手には歩行浴もある

エットは蒸気でぼやけ、かえって幻想的。何時間でも入っていられそうなぬるめの湯に浸かり、じっと眺める。

鶴の湯は1986年に建築会社がつくった銭湯を、恭さんの父にあたる初代が翌年に買い取ったそう。

「私の小学校は全国で唯一の“湿原にある小学校”でした。なので鶴は身近な存在ですね」と恭さんは話す。

湯上り、フロント前の小さな橋を渡る。現実に引き戻され、さっきいた鶴の世界が幻だった気さえする。休憩所で牛乳を手に、深呼吸。おっと、この壁にもたくさんの鶴たちが。皆、優雅に舞い、どこかに飛んでいく。

ダイナミックな壁面に興奮する私を故・母秀子さんが撮影してくださった
「来てくれてありがとう」そう何度も言ってくださる優しい女将さんだった

鶴を表すユニークな外観。口ばしは、鋭く長い三角屋根。赤く書かれた屋号は、「赤いベレー帽」と例えられる頭を表現している

バス停。マンホール。バスシート。あちこちに鶴

休憩所は金色の鶴が舞う

鶴の湯

- 釧路市星が浦南3丁目4-13
- 14:00-23:00
- 月曜日 定休（祝日の場合は翌日）

第6章
道東の旅

懐かしい釧路に出会える 望洋湯

釧路市

道東愛のモザイクアート

道東の旅の最後に、望洋湯を訪れた。

もうもうと立ちのぼる湯けむりの中を進むと、モザイク画がドドーンと姿を現す。間近で見たいと思って、湯船の湯にお腹まで浸かりながら近づくと、一見まるで南国のサンセットビーチのような茜色。でも、わかる。これは「摩周湖」だ。湖の真ん中にポツンとある、ちっちゃい島がその証。いつかの家族旅行で、母が教えてくれた。

男湯のモザイク画は、どこかの街の橋。でも、わかる。これは釧路の「幣舞《ぬさまい》橋」だ。橋のオベリスクとアーチがその証。

「よくわかったね」と店主の片岡光枝さんが褒めてくれた。望洋団地の要望で生まれたこの銭湯の道東愛をしっかり感じた。なお、今や幣舞橋のシンボルである「道東四季の像」は、タイル絵制作時の1975年にはなかったので、この絵でかつての橋の姿を見ることができる。

露天風呂では、白壁と青空が

1 ここから直接海は見えないが、想像力を刺激される屋号
2 望洋湯の近く、太平洋が望める住宅地
3 女湯のモザイク画は摩周湖
4 心地よい露天風呂

釧路の弊舞橋が描かれた男湯のモザイク画。私にとって学生時代を過ごした思い入れのある街・釧路の銭湯で、こんな道東愛に出会って、なんだか胸がいっぱいになった

くっきり鮮やかだ。外気の冷たさに湯温が絶妙に合う。と、潮風がふわっと吹いた。見えない海が見えた気がした。そうだ、幣舞橋に行こう。

翌朝、うっすら凍った釧路川が注ぐ太平洋を橋から望む（116頁）。存分に潮風を吸って旅を締めくくった。

望洋湯

- 釧路市春採6丁目4-5
- 0154-42-6522
- 12:00-23:00
- 木曜日 定休

くしろバス「望洋住宅」歩1分

第6章
道東の旅

牡蠣の町に残る道内最古の銭湯 喜楽湯

厚岸町

「銭湯のある町」厚岸へ

釧路から1両編成の花咲線に乗り込んだ。市街地が切れると、車窓がすべて緑で覆い尽くされる。やがて、ふいに視界がひらけて海が覗く。これが厚岸湾か。湾の奥の厚岸湖は牡蠣の名産地だ。私の大好物、つい生唾をのんでしまう。

厚岸駅から徒歩数分の喜楽湯は、浴室の真ん中に美しいまんまるの浴槽がある。大地震でもこの形ゆえヒビが入らなかった、と店主の木村道浩さんは話す。地震の

湿地の原生林を抜けるとふいに夕暮れの厚岸湾が車窓を彩る

1 喜楽湯の外観、厚岸は桜の名所でもあり、それをイメージした色合い
2 脱衣場は広く、余計なものが何もない
3 喜楽湯店主・木村道浩さん
4 厚岸といえば牡蠣。なんともクリーミー。地元のウイスキーとともに

喜楽湯

- 厚岸郡厚岸町真栄2丁目108
- 0153-52-4462
- 15:00-21:00
- 水曜日 定休

根室本線「厚岸」から歩7分

影響もあって他の銭湯は廃業し、喜楽湯は町で唯一の銭湯になった。

「〝銭湯もない町〟って言われたくないからね」

まんまるに浸かる。あ、熱……そして深い。1mくらいか。でも体は、沈むにつれてジワーッとほぐれていく。目線が下がると、浴槽にぐるりと囲まれた気分だ。縁取りは、カラス貝と玉砂利を敷き詰めたようなタイル。なんだか、さっき車窓から見えた厚岸湾を思い出す。

「どうにかここまでもってくれている浴槽だから、生かしてやりたいんだよね」

湯上りは木村さんが「道の駅 厚岸グルメパーク」へ案内してくださった。館内の「オイスターバール・ピトレスク」で、ぷりぷりの牡蠣に厚岸蒸留所のウイスキーを垂らしていただく。うぅ、美味しい！ 喜楽湯がなければこの牡蠣を食べることもなかっただろう。喜楽湯のある牡蠣の町。ここに来れてよかった。

まんまるい浴槽の縁には貝殻の形をしたタイルがはめ込まれている

第6章
道東の旅

日本最東端のどっしり銭湯 みなと湯

根室市

寒い街で湯に集う安心感

「ガスってる……」

口をついて出た、懐かしい言葉。道東はじめ港町では霧をそう呼ぶと、釧路に住んだ時に知った。太平洋上の暖気と根室沖の寒流がぶつかってできる霧。道東の夏6～8月の半分ほどは発生日と言われる。

最東端の公衆浴場組合加盟銭湯・みなと湯は名前の通り港にある。ガスを分け入り、磯の香りが最高潮の時、フェリーのごとくどっしりしたみなと湯が姿を現す。

「なんだ？ この安心感……」

広々、ピカピカの浴室に身を任せたくなる

港にどっしりと建つみなと湯。地元からの信頼の厚さを感じた

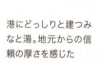

鉱石の湯に浸かって浴室を見渡した。贅沢に並ぶでかい浴槽。たくましい梁。カランも浴槽ステップ幅も余裕を感じる。いやぁ、どこをとっても「どーんと来い!」と語りかけてくる。その懐に常連さんも私も身を任せ、ゆっくり温まる。

「俺なんか"海の情報"は、大体みなと湯で集めてるよ」と、漁師の常連さんがフロント前で笑う。

江戸時代から続く海鮮問屋が、地元民の要望を受けて1953(昭和28)年に創業したみなと湯。代表の長谷川敬二さんは「ウチは"根室で一番人が集まる場所"って言われるんだ」と話す。

湯上りはガスに加え、雨まで降り始めた。でも私、その冷たさを弾き返すほどあたたまっている。年平均気温8度の根室。寒けりゃ、集まればいい。そう思うだけで、ガスったこの地が愛おしくなる。

2

1

1 日本の端っこで人々をゆったりと包んでくれるお湯

2 根室の年平均気温は8℃ほど。坂の多い港町で、ガスの中、雨が降ることもしばしば。晴れの日は数ある絶景スポットにも足をのばしたい

代表の長谷川敬二さんと

みなと湯

- 根室市海岸町2丁目6番地
- 0153-23-4450
- 15:00-22:00
  (日曜は10:00-22:00)
- 月曜日 定休

根室交通「汐見町」すぐ
根室本線「根室」歩30分

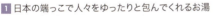

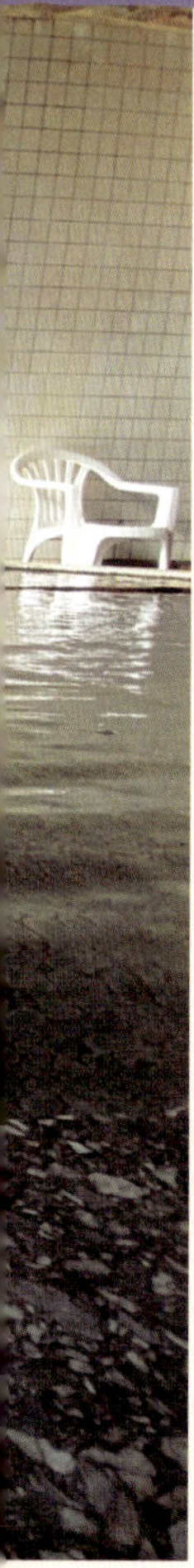

1 湯吐口からやわらかなモール泉が勢いよく噴出する
2 レトロでカラフルなタイルの世界
3 緑の屋根が目印
4 優美な斜里岳が町のどこからも見える

第6章
道東の旅

オホーツク海に臨む町のレトロなモール泉
グリーン温泉

斜里町

原野を抜けた、その先に

ここまで来たか……。知床半島の玄関口・斜里で、オホーツク海と向き合う。

アイヌ語で「地の果て」を意味する知床。足元から続く道の先は、海と空。強い風にあおられて後ろを向くと、斜里岳。わぁ、３６０度から自然が迫ってくる。ＪＲ釧網線で原野を抜けて来た意味を感じて、小さく身震いした。さぁ、温泉に浸かるか。

グリーン温泉の湯は、日差しを浴びて黄金色に映えてきた。これが温泉好きも絶賛する、加温加水なしの源泉かけ流しのモール泉。タプンタプンと浴槽から溢れ出ている。温泉に負けじと存在感があるのは、地下水を汲み上げた水風呂とシャワー。鉄の香りがする。とその時、足裏がびっくりした。ひんやりした地下水とぬくい温泉が交差しているのだ。

白く粉を吹いていた私の脚は、湯上りにスルリと変わっていた。この肌、自分への一番のお土産だ。

代表・太田善久さんは後継者を探し中だ。25年間、夫婦で温泉を守ってきた。「そろそろかみさんに楽をさせてやりたいんだよ」と善久さんは話す。朝風呂の準備から始まり夜はホテルの対応……睡眠は約3時間だ。

「後継者って言うからには“温泉”を

こまかなタイルと洗い出しの浴槽壁を越えてひたひたとオーバーフローし続ける

残すことは絶対条件だよ」

公衆浴場以外での継承を打診されたこともあった。けれど、グリーン温泉は地元民や旅人を癒す存在であり続けてほしい。そして、太田さん夫妻だって温泉に癒され続けるべきなのだ。

グリーン温泉

- 斜里郡斜里町港町7
- 0152-23-2411
- 12:00-22:30
  月曜日のみ15:00-22:30
- 無休

釧網本線
「知床斜里」5分

おわりに

北海道銭湯の本を書くお話をいただいたのは2019年。

東京都北区にある金星湯の帰りに。薄暗い居酒屋で。


それから足かけ7年が経ちました。


その間に祖父と父が他界。

いろいろな環境の変化が私にありました。

そして廃業されてしまった銭湯もありました。


原稿も終盤に差し掛かった夏の日。

旭川にある こがね湯のおじちゃんに会いにいきました。

「本が出るまでは、がんばらなきゃね？」

本書の進捗、そして私が元気でいるかをいつも気にかけてくれるおじちゃん。

「うぅん、本を読んでこがね湯に来たくなる人がいると思う。だからもっとがんばらないと！」

小鼻を膨らます私。

「そうだよなぁ〜」

頭をかきかき言うおじちゃんを囲み、常連さんと私とで笑いました。

その瞬間、「北海道の銭湯本は“みんなの本”なんだ…」と改めて噛み締めたのです。

おかげでようやくかたちになりました。


取材を続けた7年、いつも北海道に呼ばれている気がしていました。広く、美しく、険しい大地。それらと隣り合うあたたかい銭湯と人々が、待ってくれている気がしたのです。

そして巡れば巡るほど、北海道と一括りにはできない個性が各地にあり、それがジワリと銭湯に染み出ていることを感じるのです。おかげでますます故郷北海道が好きになってしまいました。その機会が少しでも多くの方にあるようにと願ってなりません。もちろん、私もまだ知らない北海道の出逢いに呼ばれ、また旅に出ます。

どうかみんなに届け“みんなの本”。

Special Thanks

本書はもちろん、私に関わってくださった全ての方にお礼をお伝えします。しぶとく私の原稿を待ち、励まし続けてくれた松本康治さん。あたたかい眼差しでアドバイスくださった佐藤明俊さん。長生きしてくれている祖母、サポートしてくれる母、家族親戚、Yさん。応援してくださる全国の公衆浴場の皆さま、銭湯仲間、職場の皆さま、友人。この本を手に取ることが叶わなかった祖父と父にも。

〈 著者 〉

奥野 靖子　おくの やすこ

北海道札幌市出身。大学から社会人時代の十数年を東京で過ごし、銭湯と出逢う。「銭湯はもう1つのお家」と感じて日々通い、その魅力を「銭湯OLやすこ」としてSNSやトークイベント等で紹介。好きな食べ物は大学芋で、社団法人さつまいもアンバサダー協会の理事もつとめる。

社団法人銭湯文化協会　銭湯大使、東京都浴場組合　公認ライター。

2024年から札幌市在住。

旅先銭湯別冊｜04

北海道の銭湯

2025年4月26日　初版1刷発行

著　者　　奥野靖子

発行人　　松本康治

発行所　　さいろ社
〒655-0048 神戸市垂水区西舞子2-7-28-103
TEL:090-9283-1162
316sha@gmail.com

本文・カバーデザイン　中村美登利

ISBN978-4-916052-81-0　C2026 ¥1700E